I0825826

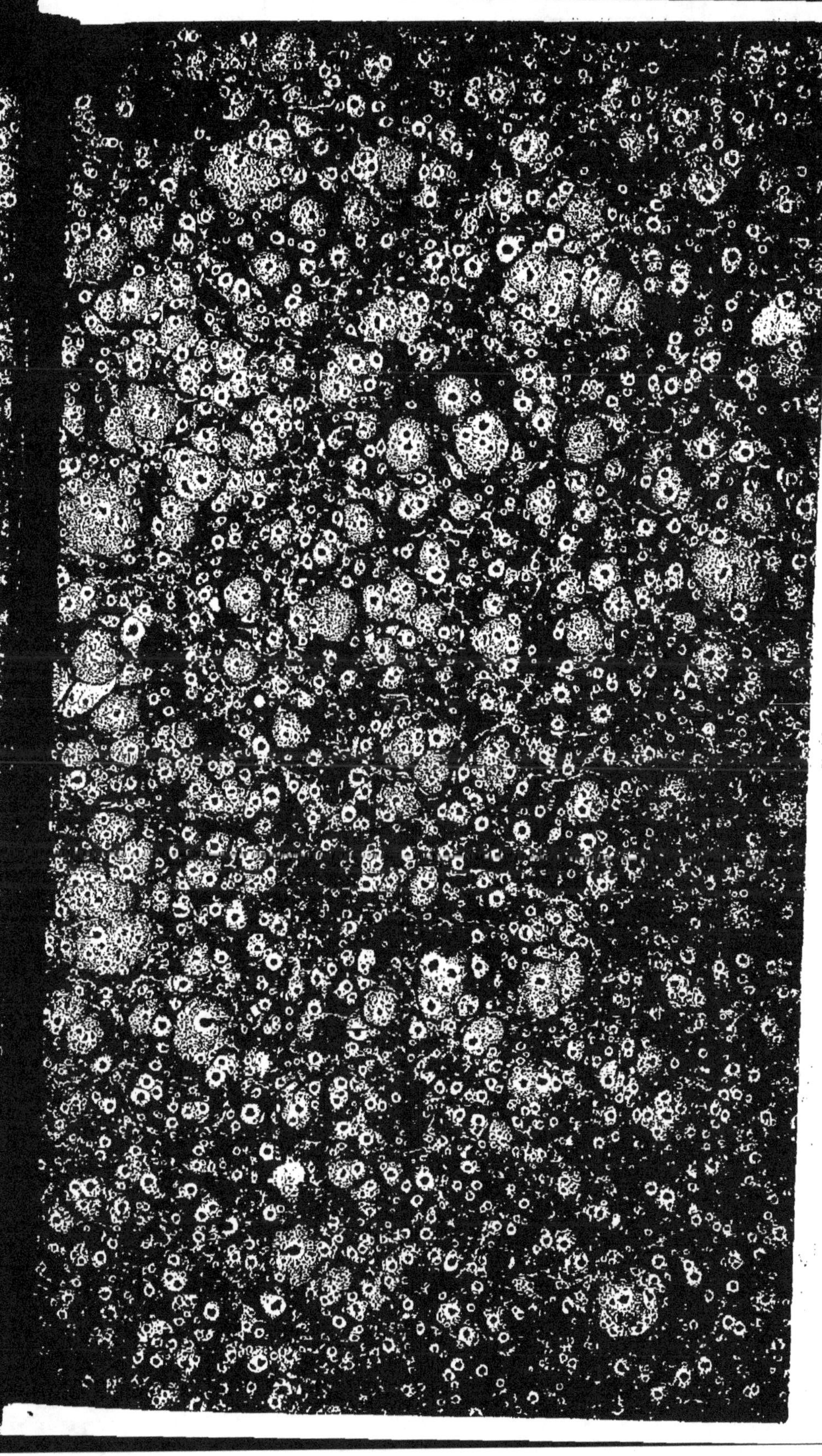

CABINET LITTÉRAIRE,

COLLECTION UNIVERSELLE DES MEILLEURS ROMANS MODERNES.

OEUVRES COMPLÈTES

DE

CHARLES DICKENS.

TOME II.

OLIVIER TWIST.

II.

PARIS. — IMPRIMERIE DE COSSON, RUE ST.-GERM.-DES-PRÉS, 9.

OLIVIER TWIST,

OU

L'ORPHELIN DU DÉPOT DE MENDICITÉ,

PAR

CHARLES DICKENS.

TRADUIT DE L'ANGLAIS

PAR LUDOVIC BENARD.

TOME DEUXIÈME.

PARIS,
GUSTAVE BARBA,
ÉDITEUR DU CABINET LITTÉRAIRE,
COLLECTION UNIVERSELLE DES MEILLEURS ROMANS MODERNES,
RUE MAZARINE, N° 34.
1841.

OLIVIER TWIST.

CHAPITRE PREMIER.

MONTRANT JUSQU'A QUEL POINT LE VIEUX JUIF ET MADEMOISELLE NANCY AIMAIENT OLIVIER.

Dans une salle obscure d'un méchant cabaret de la rue la plus sale de Little-Saffron-Hill (1), caverne ténébreuse éclairée tout le jour, en hiver, par la lumière éblouissante du gaz, et où pas un seul rayon de soleil ne pénètre en été, un homme, paraissant absorbé dans ses pensées, était accoudé sur une table, entre un pot d'étain et un verre imprégné d'une odeur de liqueur forte. A sa jaquette de velours, sa culotte courte de gros drap brun et ses brodequins, l'agent de police le moins expérimenté aurait tout d'a-

(1) Quartier de Londres. (*Note du traducteur.*)

bord reconnu Guillaume Sikes. Un chien, au long poil blanc et sale, aux yeux rouges et chassieux, était couché à ses pieds, clignant de l'œil en regardant son maître, et léchant en même temps sa gueule, à un des coins de laquelle était une large coupure qui paraissait être le résultat d'un combat tout récent.

« Couchez là ! couchez là ! » dit Sikes, rompant tout-à-coup le silence.

Que ses réflexions fussent si profondes que le regard seul de l'animal eût été capable de les troubler, ou bien que ses sentimens fussent tellement excités par ses pensées qu'il eût eu besoin pour les calmer de tout le soulagement qu'on peut trouver en frappant un innocent animal, est une matière d'argument et d'examen. Quelle qu'en fût la cause, un jurement, accompagné d'un coup de pied dans le ventre du chien, en fut l'effet.

En général, les chiens ne sont pas enclins à tirer vengeance des mauvais traitemens qu'ils reçoivent de leurs maîtres ; mais celui de Sikes était hargneux (ayant cela de commun avec ce dernier) ; peut-être aussi était-il sous l'influence de l'outrage qu'il venait de recevoir. Le fait est qu'il s'élança aussitôt sur un des brodequins de l'agresseur, et, y ayant donné un bon coup de dent, il courut se réfugier en grondant, sous un banc, évitant ainsi la mesure d'étain que Sikes s'apprêtait à lui lancer à la tête.

« Ah! vous voudriez bien, pas vrai? » dit Sikes, saisissant d'une main le fourgon et de l'autre ouvrant un couteau qu'il tira de sa poche. « Venez ici! Ici, vous dis-je! m'entendez-vous? »

Le chien entendit, il n'y a pas à en douter, parce que Sikes l'avait pris sur un ton assez haut pour se faire entendre; mais paraissant avoir la plus grande répugnance à se laisser couper la gorge, il resta où il était, grondant plus furieusement qu'auparavant, et saisissant en même temps le bout du fourgon avec ses dents, il le mordit comme un enragé. Cette résistance de la part de l'animal ne fit qu'augmenter la fureur de Sikes, qui, se laissant tomber sur ses genoux, l'attaqua en désespéré. Le chien s'élançait de droite à gauche et de gauche à droite, happant, grognant et aboyant;

l'homme attaquait, jurant, frappant et blasphémant; et le combat en était au point le plus critique, pour l'un ou pour l'autre adversaire, quand la porte s'ouvrant tout-à-coup, le chien s'échappa avec toute la rapidité de l'éclair, laissant Guillaume Sikes, le fourgon et le couteau en main.

Il faut être au moins deux pour se quereller, dit un vieux proverbe. Sikes, déconcerté par la disparition subite du chien, tourna sa rage vers le nouveau venu.

« Qui diable vous prie de venir vous interposer entre mon chien et moi? » demanda-t-il avec un geste menaçant.

« Je ne savais pas, mon cher; je ne savais pas, » reprit Fagin (car c'était lui qui venait d'entrer).

« Non, vous ne saviez pas, vous, vieux recéleur! » dit Sikes. « Vous n'entendiez pas le bruit non plus, n'est-ce pas? »

« Pas le moins du monde; aussi vrai que j'existe, Guillaume! » répliqua le juif.

« Oh non! vous n'entendez rien; c'est vrai, » repartit Sikes avec un sourire de mépris, « vous qui vous faufilez si adroitement que personne ne sait quand vous entrez, ni quand vous sortez. J'aurais bien voulu vous avoir à la place du chien, il n'y a qu'un instant. »

« Pourquoi cela ? » demanda l'autre avec un sourire forcé.

« Parce que le gouvernement, qui est assez bête pour attacher de l'importance à la vie des êtres comme vous, qui n'ont pas plus de cœur que rien, laisse un homme tuer son chien, si ça lui fait plaisir, » répondit Sikes, fermant son couteau d'une manière très-expressive; « voilà le pourquoi. »

Le juif se frotta les mains, et, prenant place à la table, il affecta de rire de la plaisanterie de son ami, quoique évidemment très-mal à son aise.

« Riez bien! » dit Sikes, remettant le fourgon dans la cheminée et lançant au juif un regard de mépris ;« riez bien! vous n'aurez jamais le dernier avec moi, à moins que ce ne soit derrière un bonnet de nuit (1); car j'ai l'avantage avec vous, savez-vous bien, Fagin? et que le diable m'enlève si je ne le conserve pas! S'il faut que j'y

(1) Allusion aux pendus, à qui on met un bonnet de coton qui leur cache les yeux. (*Note du traducteur.*)

passe, vous la danserez aussi; ainsi j'vous engage *à filer doux !* »

« C'est bon, c'est bon, mon cher ! » dit le juif. « Je sais bien cela. Nous.... nous.... avons un intérêt mutuel, Guillaume, un intérêt réciproque..... »

« Hein ! » fit Sikes, comme s'il pensait que l'intérêt dût être plutôt du côté du juif que du sien. « Eh bien ! qu'avez-vous à me dire? »

« Tout s'est passé le mieux du monde, et voici votre part. Elle est un peu plus forte qu'elle ne devrait être, mon cher; mais, comme je pense bien que vous me revaudrez cela une autre fois, et que..... »

« Assez causé, » dit le voleur avec impatience. « Voyons, donnez vite ! »

« Oui, oui, Guillaume; donnez-moi le temps ! » reprit l'autre d'un air flatteur. « Le voici sain et sauf. »

En parlant ainsi, il tira de dessous son gilet un vieux mouchoir de coton, à l'un des coins duquel était un nœud qu'il défit, et dans lequel se trouvait un petit paquet de papier gris que Sikes lui ayant arraché des mains, ouvrit avidement, et se mit à compter les pièces d'or qu'il contenait.

« C'est bien tout? » demanda Sikes.

« C'est tout, » reprit le juif.

« Vous n'avez pas ouvert le papier et avalé deux ou trois pièces en chemin, hein?» dit Sikes avec un air de soupçon. « Vous n'avez pas besoin d'être scandalisé de la question; ça vous est arrivé plus d'une fois. — *Pincez la bavarde.* »

Le juif, à qui l'argot était familier, ayant tiré le cordon de sonnette, on vit paraître un autre juif, plus jeune que Fagin, mais dont les traits étaient presque aussi abjects et aussi répulsifs. Sikes se contenta de montrer du doigt la mesure vide, et ce dernier comprenant ce que cela signifiait, se retira pour la remplir, non sans avoir auparavant échangé un coup d'œil significatif avec Fagin, qui leva les yeux en ce moment, comme par instinct, et y répondit par un signe de tête presque imperceptible. Sikes ne s'en aperçut pas, occupé qu'il était alors à rattacher le cordon de son brodequin que le chien avait arraché. Eût-il pu voir les signaux de ces deux individus, qu'il eût pensé nécessairement que c'était d'un mauvais augure pour lui.

« Y a-t-il quelqu'un ici, Barney ? » demanda Fagin, maintenant que Sikes avait la vue sur eux.

« *Pas ude abe* (1), » répondit Barney, dont les paroles (soit qu'elles vinssent du cœur ou non) se faisaient jour à travers son nez.

« Personne? » demanda Fagin avec un air de surprise (pour faire comprendre sans doute à Barney qu'il pouvait dire la vérité).

« Do, persode que badeboiselle Dadcy, » répliqua celui-ci.

« Nancy ! » s'écria Sikes ; « Où est-elle ! Que je perde la vue, si je ne vénère pas cette fille pour ses talens naturels ! »

« Elle s'est fait servir un plat de bouilli, dans la salle, » répondit Barney.

« Dis-lui de venir, » reprit Sikes en se versant à boire.

Barney jeta un coup d'œil timide sur Fagin, comme pour en obtenir un assentiment ; mais comme celui-ci tint constam-

(1) Pas une âme. (*Note du traducteur.*)

ment ses yeux baissés, il se retira, et introduisit peu après Nancy à qui le chapeau, le tablier blanc, le panier et la clé, donnaient un air candide et naïf tout à la fois.

« Tu es à *l'affût*, n'est-ce pas, Nancy? » dit Sikes, lui présentant son verre.

« Oui, Guillaume, » répondit la fille, après avoir avalé la liqueur d'un seul trait; « et j'en ai bien assez, Dieu merci! Le pauv' p'tit diable a été malade et obligé de garder le lit; et......

« Ah! chère Nancy! » dit Fagin, levant la tête.

Soit qu'un coup d'œil significatif et un froncement des sourcils rouges du juif avertirent Nancy qu'elle allait être trop communicative, c'est ce qu'il nous importe peu de savoir; le fait seul est ce à quoi nous attachons de l'importance (qu'elle se tut); et souriant gracieusement à Sikes, elle amena la conversation sur un autre sujet. Peu après, le vieux Fagin fut pris d'une toux si violente, que Nancy, jetant son châle sur ses épaules, déclara qu'il était temps de partir. Sikes, qui allait du même côté, une partie du chemin, exprima son intention de l'accompagner, et ils sortirent ensemble, suivis, à peu de distance, du chien qui sortit d'une petite cour, aussitôt que son maître fut hors de sa vue. Le vieux juif mit la tête à la porte de la salle, aussitôt que Sikes fut parti, et, le regardant longer l'allée obscure et étroite, il lui montra le poing en proférant d'horribles imprécations et en grinçant les dents; après quoi il se rassit à la table, où il fut bientôt enseveli profondément dans les pages intéressantes de la *Gazette des Tribunaux*.

Pendant ce temps-là, Olivier, ne se doutant guère qu'il était si près de la demeure du facétieux vieillard, se dirigeait vers la boutique du libraire. Quand il fut dans Clerkenwell, il prit par mégarde une rue qui, bien que parallèle, le détournait cependant un peu de son chemin; mais, ne s'apercevant de sa méprise que quand il l'eut parcourue aux deux tiers, et sachant d'ailleurs qu'elle le conduisait dans la même direction, il ne jugea pas à propos de revenir sur ses pas, et il avança bon train, avec ses livres sous son bras.

Tout en marchant, il pensait en lui-même combien il devait se trouver heureux et content, et ce qu'il ne donnerait pas, pour voir seulement le petit Richard qui, battu et manquant de pain, était peut-être bien en train de pleurer en ce moment même, lorsqu'il fut tiré de sa rêverie par la voix d'une femme criant à tue-tête : « O mon cher frère ! » Et à peine eut-il tourné la tête pour voir qui c'était, qu'il se sentit étroitement pressé par deux bras vigoureux lourdement passés autour de son cou.

« Laissez-moi tranquille ! » cria-t-il en se débattant. « Laissez-moi aller ! — Qui êtes-vous ? — Pourquoi m'arrêtez-vous ? »

La réponse à ceci fut une foule de doléances et de lamentations de la part de la jeune fille qui l'embrassait avec transport, et qui avait un petit panier et une grosse clé à la main.

« Ah ! grâces à Dieu, » dit-elle, « je l'ai enfin trouvé ! Olivier ! Olivier ! méchant enfant que tu es de m'avoir rendue si malheureuse à ton sujet ! Viens, viens avec moi à la maison. Dieux ! c'est donc bien lui ! — O bonheur ! je l'ai donc retrouvé ! »

Au milieu de ces exclamations incohérentes, la jeune fille tomba dans un accès hystérique qui fit tellement craindre pour ses jours, que quelques femmes, attirées par ses cris, demandèrent à un garçon boucher, à la chevelure luisante de suif, qui se trouvait là par hasard, s'il ne ferait pas bien d'aller chercher le médecin; ce à quoi celui-ci, qui était d'une nature assez lente (pour ne pas dire indolente), répondit qu'il ne pensait pas que ce fût nécessaire.

« Oh! non, non! Ne faites pas attention, » dit Nancy, saisissant la main d'Olivier; « je me sens bien mieux maintenant. Allons! viens t'en vite à la maison, toi, petit malheureux! »

« Quoi qu'y n'y a, mam'zelle? » demanda une des femmes.

« Oh! madame, » répondit la fille, « il y a un mois qu'il s'est sauvé de chez son père et sa mère (personnes très-respectables et de bons ouvriers), et il s'est joint à une bande de voleurs et de mauvais sujets; au point que sa pauv' mère en est presque morte de chagrin! »

« Petit misérable! » dit une femme.

« Veux-tu bien vite t'en retourner chez vous, toi, petit sauvage! » reprit une autre.

« Ce n'est pas vrai! » s'écria Olivier, grandement alarmé. « Je ne la connais pas! — Je n'ai pas de sœur, ni de père, ni de mère! — Je suis orphelin! — Je demeure à Pentonville! »

« Oh! faut-il être effronté, pour soutenir des choses pareilles! » dit Nancy.

« Quoi! c'est Nancy! » s'écria Olivier qui, la reconnaissant enfin, recula d'étonnement.

« Vous voyez bien qu'il me connaît! » reprit Nancy, faisant un appel aux assistans : il ne peut pas faire autrement! — Aidez-moi à le ramener chez nous, comme de braves gens que vous êtes, ou bien il tuera son père et sa mère, et j'en mourrai de chagrin! »

« Qu'est-ce que c'est que ça? » dit un homme sortant précipitamment d'un cabaret, suivi d'un chien blanc tout crotté. « Oh! l' diable m'emporte, c'est le petit Olivier! — Veux-tu bien vite retourner avec ta pauvre mère, toi, petit vaurien! et plus vite que ça!

« Je ne leur appartiens pas! Je ne les

connais pas ! — Au secours ! au secours! » cria l'enfant, cherchant à se débarrasser des mains de l'homme.

« Ah ! tu cries au secours! » reprit celui-ci. « Je m'en vas t'en donner du secours, petit drôle! Qu'est-ce que c'est que ces livres que tu as là ? Tu les auras volés, sans doute? Donne-moi ça bien vite! »

Disant cela, il lui arracha les volumes des mains, et lui donna un grand coup de poing sur la tête.

« C'est ça ! » dit un homme qui regardait par la fenêtre d'un grenier. « C'est le seul moyen de lui faire entendre raison. »

« N'y a pas de doute ! » s'écria un menuisier à moitié endormi, en jetant un regard approbateur à celui qui venait de parler.

« Ça lui fera du bien ! » dirent les deux femmes.

« Et c'est justement pour ça, qu' je n' veux pas qu'y s'en passe ! » reprit le brigand, saisissant Olivier au collet et lui assénant un autre coup de poing. « Veux-tu avancer, toi, petit vaurien! — A moi, César! à moi ! » poursuivit-il en s'adressant à son chien.

Affaibli par la maladie qu'il venait de faire, interdit par les coups et par une attaque si subite, épouvanté par l'affreux grognement du chien et la brutalité de l'homme, et accablé par la conviction des assistans qui le prenaient pour ce qu'il n'était pas, que pouvait ce pauvre enfant, en cette occurrence? L'obscurité de la nuit, dans un tel quartier, rendait tout secours improbable et toute résistance inutile. En moins de rien, il fut entraîné dans un labyrinthe de cours sombres et étroites, avec une telle rapidité, que les quelques cris qu'il osa proférer ne furent point entendus, et l'eussent-ils été d'ailleurs, qu'il n'y avait personne pour y faire attention.

. . . .

Les réverbères étaient allumés partout ; madame Bedwin attendait avec anxiété à la porte de la cour ; la domestique avait couru vingt fois jusqu'au bout de la rue pour voir si elle ne rencontrerait pas Olivier, et les deux amis étaient dans le salon, sans lumière, ayant toujours la montre devant eux.

CHAPITRE II.

DE CE QUE DEVINT OLIVIER, APRÈS AVOIR ÉTÉ RÉCLAMÉ PAR NANCY.

Après avoir traversé un certain nombre de cours et de ruelles, ils se trouvèrent enfin sur une grande place qui, à en juger par les claies et les parcs dont elle se trouvait garnie, devait être un marché aux bestiaux. Sikes alors ralentit le pas (la jeune fille étant incapable de le suivre plus longtemps, au train dont il les avait entraînés), et se tournant vers Olivier, il lui ordonna brusquement de donner la main à Nancy.

« Entends-tu c' que j' te dis ? » gronda Sikes, s'apercevant que l'enfant hésitait et regardait autour de lui.

Ils étaient dans un endroit très-sombre, tout-à-fait éloignés des passans, et Olivier ne devina que trop bien que la résistance serait inutile. Il tendit donc à Nancy sa main, que celle-ci tint étroitement serrée dans la sienne.

« Maintenant donne-moi celle-ci ! » continua Sikes, s'emparant de l'autre main.

« Ici, César ! » (Le chien leva la tête et se mit à grogner). « Tu vois bien ce garçon ? » poursuivit-il, montrant du doigt le gosier de l'enfant et faisant d'horribles juremens ; « s'il a le malheur de remuer seulement les lèvres, mords-moi ça ! tu comprends ? »

Le chien grogna de nouveau, et lèchant ses babines, il regarda Olivier comme s'il se réjouissait à l'avance de lui sauter à la gorge.

« Il le fera comme je le lui dis ; que l'tonnerre me brûle, s'il ne l'fait pas ! » reprit Sikes, jetant à l'animal un regard féroce, en signe d'approbation. « Maintenant, mon jeune camarade, ça te regarde ; crie tant qu'y t'f'ra plaisir ; le chien t'aura bientôt imposé silence ! Allons, marche donc, petit vaurien ! »

César remua la queue, à ces paroles affectueuses de son maître auxquelles il n'était pas accoutumé ; et faisant un grognement en signe d'avertissement, et dans l'intérêt d'Olivier, il prit les devans et ouvrit la marche.

C'était Smithfield (1) qu'ils traversaient : c'eût été Grosvenor-Square (2), qu'Olivier n'en eût pas su davantage. La nuit était sombre et brumeuse, les lumières des boutiques avaient peine à se faire jour à travers l'épais brouillard qui grossissait à chaque instant, et qui ajoutait à la solitude et à la tristesse du lieu, en même temps qu'il rendait l'incertitude d'Olivier plus affreuse et plus accablante.

Ils avaient déjà fait quelques pas, lorsque le son grave d'une cloche frappa leurs oreilles. Au premier coup, Sikes et Nancy s'arrêtèrent tout court, et tournèrent la tête dans la direction de l'église d'où provenait le tintement.

« Huit heures, Guillaume ! » dit Nancy, quand la cloche eut cessé de vibrer.

« A quoi bon me dire ça ? » répliqua Sikes. « Est-ce que je n'l'entends pas ? »

(1) Smithfield est une immense place de Londres où se tient un marché aux bestiaux.

(2) Grosvenor-Square est une des plus belles places de Londres. (*Notes du traducteur.*)

« Je m'étonne bien *s'ils* peuvent l'entendre, *eux?* » reprit Nancy.

« Certainement qu'ils le peuvent! » dit Sikes. « Je me rappelle que, quand ils m'ont *pincé*, c'était la Saint-Barthélemy, et qu'il n'y avait pas dans la foire une trompette d'un son que j'n'entendisse. Et quand, après cela, ils m'ont mis sous clé, pendant la nuit, le tapage et tout l'bataclan du dehors rendaient l'dedans d'la sacrée vieille boutique si triste et si lugubre, que j' me s'rais volontiers brisé la tête contre la serrure de la porte. »

« Pauvres malheureux! » fit Nancy, ayant toujours le visage tourné dans la même direction. « Ah! Guillaume, quel dommage! Ça faisait de si beaux garçons! »

« Oui; c'est tout ce qui vous flatte, vous autres femmes! » répliqua Sikes. « De beaux garçons! — Avec tout ça, y n' valent pas mieux que s'ils étaient morts; ainsi ça n' leur fait pas une plus belle jambe! »

Disant cela, il parut réprimer un accès de jalousie; et serrant plus fortement la main d'Olivier, il lui dit d'avancer.

« Attends un peu! » dit la fille. « Je n' voudrais pas m' presser, Guillaume, si c'était toi qu'on dût pendre, demain matin, au coup de huit heures; faudrait que j' marche toute la nuit autour de la prison, jusqu'à c' que j' tombe de lassitude; quand bien même qu'y tomberait d' la neige, et que j' n'aurais pas de châle pour me couvrir. »

« J' te d'mande un peu à quoi qu' ça servirait! » répartit le brutal Sikes. « A moins qu' tu n' trouves moyen d' me r'passer une lime et vingt aunes de bonne corde, tu pourrais aussi bien faire cinquante milles ou te r'poser, pour le bien qu' ça m' f'rait. — Allons, avance, et laisse-là tes jérémiades! »

La fille partit d'un éclat de rire, rajusta son châle sur ses épaules, et ils se remirent en route; mais Olivier sentit la main de celle-ci trembler, et, en passant à la lueur d'un réverbère, il remarqua que son visage était pâle comme la mort.

Ils parcoururent pendant près d'une heure, de petites rues sales et peu fréquentées, où les quelques personnes qu'ils rencontrèrent parurent, aux yeux de l'enfant, occuper le même rang que M. Sikes, dans la société. A la fin, ils enfilèrent une rue plus étroite et plus sale encore que les autres, habitée en grande partie par des fripiers; et le chien alors courant en avant, comme s'il eût été certain que sa vigilance était maintenant inutile, s'arrêta devant une boutique qui était fermée et qui ne paraissait pas être occupée; car la maison menaçait ruine, et un écriteau annonçant qu'elle était à louer, était cloué négligemment sur la porte, comme s'il eût été là depuis bien des années.

« Nous y voilà ! » dit Sikes, après avoir jeté un coup d'œil autour de lui.

Nancy passa la main sous les volets, et Olivier entendit résonner une sonnette de l'intérieur. Ils allèrent se placer près d'un réverbère en face, et attendirent là quelques instans. Une fenêtre à châssis fut levée doucement, et, peu après, la porte s'ouvrit avec la même précaution. Sikes alors, sans plus de cérémonie, prit l'enfant par le collet, et en moins de rien ils furent tous trois dans la maison. Ils attendirent, dans l'obscurité la plus profonde, que la personne qui leur avait ouvert eût refermé la porte aux verroux et à la clé.

« Il n'y a personne ici? » demanda Sikes.

« Non, » répondit une voix qu'Olivier crut reconnaître.

« Le vieux y est-il? » poursuivit le brigand.

« Oui, » répliqua la voix ; « et il a été joliment sur les épines en vous attendant. Avec ça qui n' s'ra pas content de vous voir! non, s'cusez ! pu qu' ça d' satisfaction ! »

Le style de cette réponse et le ton avec lequel elle fut faite, étaient familiers aux oreilles d'Olivier; mais il ne put apercevoir la figure de l'interlocuteur.

« Éclaire-nous un peu, » dit Sikes, « si tu ne veux pas que nous nous cassions l'cou, ou que nous marchions sur les pates du chien. — Prenez garde à vos jambes, d'abord, si vous lui marchez sur les pates; je n' vous dis qu'ça ! »

« Attendez un moment ; je m'en vais chercher de la lumière, » reprit la voix.

Le bruit des pas d'une personne qui s'éloignait se fit entendre, et aussitôt après parut en personne M. Jack Dawkins, autrement le *fin Matois*, tenant à la main une chandelle plantée dans un bâton fendu. Il se contenta de faire une grimace à Olivier, pour renouveler connaissance avec lui, et fit signe aux visiteurs de le suivre. Ils descendirent l'escalier, traversèrent une cuisine dépourvue d'ustensiles, et ouvrant la porte d'une chambre basse, d'où s'exhalait une odeur fétide, ils furent reçus au milieu des éclats de rire et des acclamations de joie.

« Oh ! c'te bonne farce ! » s'écria maître Bates, n'en pouvant plus de rire. « C'est pourtant lui! Mais voyez-donc, Fagin! Fagin! regardez-le donc! Ah Dieu! quelle fameuse farce! Y a d' quoi en mourir de rire! Tenez-moi donc, quelqu'un, que je rie tout à mon aise ! »

Disant cela, maître Bates se laissa tomber à plat ventre par terre, et pendant plus de cinq minutes, donnant un libre cours à sa folle gaieté, il se frappait le dos avec ses talons, après quoi, se relevant, il prit la chandelle des mains du Matois, et s'approchant d'Olivier, il tourna autour de lui pour l'examiner, tandis que le juif, ôtant son bonnet de coton, salua respectueusement et à diverses reprises le pauvre enfant qui les regardait d'un air effaré. Pendant ce temps-là, le Matois qui était d'un caractère plus posé, et qui compromettait rarement sa dignité, quand il s'agissait *d'affaires sérieuses* relatives à sa *profession*, vidait les poches du petit malheureux avec la plus scrupuleuse attention.

« Voyez-donc sa *pelure* (1), Fagin ! » dit Charlot approchant la chandelle si près de l'habillement neuf d'Olivier, qu'il manqua y mettre le feu. Voyez donc sa *pelure !* Du drap *coq* (2), et la coupe dans le *chique* (3)! S'cusez ! pu qu' ça d'élégance ! — Et ses livres donc ! — ça lui donne tout-à-fait l'air *monsieur*, n'est-ce pas, Fagin ? »

« Charmé de vous voir si bien portant, mon cher ! » dit le juif, saluant Olivier avec une humilité affectée. « Le Matois vous donnera d'autres habits, mon cher, dans la crainte que vous ne gâtiez ceux-ci, qui sont pour les dimanches. — Pourquoi n'avez-vous pas écrit que vous veniez, mon cher ? — nous aurions eu quelque chose de chaud pour votre souper. »

(1) Ses habits.
(2) 1re qualité.
(3) Dans le genre. (*Notes du traducteur.*)

A ces mots, maître Bates partit d'un éclat de rire si grand, que Fagin lui-même se dérida, et que le Matois sourit. Mais comme ce dernier tira en ce moment le billet de banque de la poche d'Olivier, on ne saurait dire si c'est la bouffonnerie de Charlot, ou la découverte du billet qui excita son sourire.

« Tiens! qu'est-ce que c'est que ça? dit Sikes, s'avançant vers le juif, en même temps que celui-ci s'emparait de la bank-note. « Cela m'appartient, Fagin! »

« Non, non, Guillaume, c'est à moi, mon cher! Vous aurez les livres. »

« Si cela ne m'appartient pas, » dit Sikes, mettant son chapeau d'un air déterminé, « à moi et à Nancy (ce qui est la même chose), je vas remmener cet enfant! »

Le juif tressaillit : ainsi fit Olivier, quoique pour un motif bien différent; car il espérait que sa liberté serait le résultat de la dispute.

« Allons! donnez-moi ça! voulez-vous? » dit Sikes.

« Ce n'est pas bien, Guillaume! Ce n'est pas bien du tout; n'est-ce pas, Nancy? » dit le juif.

« Que ce soit bien ou mal, » répliqua Sikes, « donnez-moi ça, j' vous dis encore une fois ! — Pensez-vous que Nancy et moi nous n'ayons rien autre chose à faire que de passer un temps précieux à aller à la découverte et à enlever tous les enfans qui se feront *pincer* à cause de vous ? — Donnez-moi ça vous ! vieil avare, vieux squelette, vieux meuble ! »

En parlant ainsi, Sikes s'empara du billet de banque que le juif tenait entre le pouce et l'index ; et envisageant celui-ci avec le plus grand sang-froid, il le plia en cinq ou six, et l'enferma dans un nœud qu'il fit au mouchoir qu'il portait autour de son cou.

« C'est pour la peine que nous nous sommes donnée, » dit Sikes, rattachant sa cravate ; » et c'n'est pas encore moitié de ce que ça vaut : et bien sûr encore ! — Vous pouvez garder les livres, si vous aimez la lecture ; sinon vous les vendrez. »

« Ils sont bien écrits ! » dit Charlot, qui parcourut un des volumes en faisant mille grimaces. » Beau style, ma foi ! Expressions élégantes ! N'est-ce pas Olivier ? » — Et voyant la mine piteuse que faisait l'enfant en regardant ses persécuteurs, maître Bâtes, qui était doué d'un esprit caustique et qui avait un goût décidé pour le *burlesque*, se mit à rire aux éclats et à faire plus de bruit qu'auparavant.

« Ils appartiennent au vieux monsieur ! » dit Olivier, se tordant les mains; « à ce bon et respectable monsieur qui m'a emmené chez lui, et qui a eu soin de moi quand j'étais malade et que j'allais mourir. Oh! je vous en supplie, envoyez-les lui ! Renvoyez-lui l'argent et les livres! Gardez-moi ici toute ma vie; mais pour l'amour de Dieu, renvoyez-lui ce qui lui appartient ! Il croira que je l'ai volé ! — La bonne dame et toutes les personnes de la maison, qui ont eu tant de bontés pour moi, me prendront pour un voleur ! Oh ! ayez pitié de moi ! Renvoyez les livres et l'argent ! »

Ayant dit ces paroles avec l'accent du plus violent désespoir, Olivier se jeta aux pieds du juif, en joignant les mains d'un air suppliant.

« L'enfant a raison ! » dit Fagin, jetant un regard furtif autour de lui et fronçant ses sourcils rouges. « Tu as raison, Olivier, tu as parfaitement raison ! Ils penseront que tu as volé l'argent et les livres. — Ha! ha! » poursuivit-il en ricanant et en se frottant les mains. « Çà n' pouvait pas mieux s' trouver, quand même nous aurions pris nos mesures pour ça !

« Sans doute que ça n' pouvait pas mieux s' trouver! » répliqua Sikes. « C'est ce qui m'est venu tout de suite à l'idée, quand je l'ai vu traverser Clerkenwell avec ses livres sous le bras. Ce sont des mangeurs de bon Dieu, sans quoi ils n' l' auraient pas reçu chez eux; — et ils ne le réclameront pas, de peur d'être obligés de le poursuivre devant les tribunaux, et de l'faire enfermer. — Il est assez en sûreté comme ça. »

Jusque là, Olivier les avait regardés l'un et l'autre alternativement d'un air égaré, sans trop comprendre ce qu'ils voulaient dire ; mais quand Sikes eut fini de parler, il se releva tout-à-coup, s'échappa de la chambre, sans savoir où il allait, appelant à son secours, et faisant retentir toute la maison de ses cris.

« Appelle ton chien, Guillaume! » s'écria Nancy, courant se placer devant la porte, et la refermant sur le juif et ses deux élèves qui s'étaient élancés à la poursuite d'Olivier, « appelle ton chien! il va dévorer ce garçon! »

« Il le mérite ma foi bien! » cria Sikes, faisant tous ses efforts pour se dégager des mains de la fille. « Ote-toi de là, toi!—Lâche-moi, j'te dis! ou j'te vas briser le crâne contre la muraille! »

« Ça m'est égal, Guillaume! ça m'est bien égal! » dit celle-ci, se débattant pour conserver son poste. « Cet enfant ne sera pas déchiré par le chien, que tu ne m'aies tuée auparavant! »

« Ah! c'est comme ça! » dit Sikes, grinçant des dents. « Ça n'va pas tarder, si tu n'te r'tires pas! »

Disant cela, le brigand jeta la fille de toute sa force à l'autre bout de la chambre, juste au moment où le juif et les deux garçons rentrèrent ramenant Olivier.

« Qu'est ce qu'il y a donc? » demanda Fagin. »

« Elle est devenu folle, je pense! » dit Sikes d'un air farouche.

« Non, elle ne l'est pas! » dit Nancy pâle de colère, et toute essoufflée par la lutte qu'elle venait de soutenir. « Non, ne croyez pas qu'elle le soit, Fagin ! »

« Alors, tais-toi! veux tu ! » dit le juif d'un aír menaçant.

« Non, je ne me tairai pas ! » reprit Nancy parlant très-haut. Qu'est-ce que vous avez à dire à cela ? »

Le vieux Fagin connaissait trop bien le sexe auquel appartenait Nancy, et les caprices auxquels il n'est que trop sujet, pour ne pas juger prudent de laisser là la jeune fille. C'est pourquoi, pour détourner l'attention de celle-ci, il s'adressa à Olivier.

« Vous vouliez donc vous sauver, vous, hein ? » dit-il, prenant un gros gourdin, plein de nœuds, qui était dans un coin de la cheminée.

Olivier ne répondit rien; mais il épia les mouvemens du juif, et son cœur battit vivement.

« Oui, vous appeliez du secours ! — Vous vouliez faire venir la garde, n'est-ce pas ? » poursuivit l'autre, ricanant et saisissant l'enfant par le bras. « Nous vous guérirons de cette manie-là, jeune homme ! »

Disant cela, le juif lui appliqua un bon coup de son gourdin sur les épaules; et il avait la main levée pour lui en donner un second, quand la jeune fille, s'élançant avec la rapidité de l'éclair, lui arracha le bâton des mains, et le jeta dans le feu avec une telle force, qu'elle fit voltiger des charbons ardens au milieu de la chambre.

« Je ne le souffrirai pas, tant que je serai là, Fagin ! » s'écria-t-elle. « Vous avez retrouvé cet enfant; que voulez-vous de plus? — Laissez-le tranquille, ou je vous donne ma parole que j' me porterai, envers l'un de vous, à des excès qui me conduiront à la potence avant le temps! » (Et elle frappa du pied en faisant cette menace, tandis que les lèvres serrées, les poings fermés, et le visage pâle de colère, elle regardait Fagin et Sikes alternativement.)

« Comment donc, Nancy! » dit le juif d'un air doucereux, après un moment de silence pendant lequel Sikes et lui échangèrent un regard où il était facile de deviner le trouble de leur âme, « tu es plus sentimentale que jamais, ce soir ! Ah ! ah ! ma chère, tu agis noblement ! »

« Vraiment ! » dit celle-ci. « Prenez garde que je ne me surpasse ! —Vous n'en seriez pas le bon marchand, Fagin. — Ainsi, je vous préviens pour la dernière fois ; laissez-moi en repos ! »

Il y a, chez une femme irritée (surtout lorsqu'elle est poussée à bout), un certain sentiment que les hommes n'aiment pas provoquer. Le juif vit bien qu'il serait inutile de feindre de se méprendre, au sujet de la colère de Nancy ; c'est pourquoi, se retirant prudemment en arrière, il regarda Sikes d'un air lâche et suppliant tout à la fois, comme pour lui donner à entendre qu'il était plus capable que lui de poursuivre l'entretien.

Sikes, ainsi interpellé, et pensant peut-être aussi qu'il y allait de son amour-propre à prouver l'ascendant qu'il avait sur Nancy, en ramenant celle-ci à la raison, proféra cinq ou six jurons et autant de menaces avec une facilité d'élocution qui firent honneur à sa fertilité d'invention. Mais comme cela ne parut produire aucun effet visible sur la personne qui en était l'objet, il eut recours à de plus solides argumens.

« Que veux-tu dire par là ? » s'écria-t-il, accompagnant sa question d'un affreux jurement. « Voyons, dis ! — Qu'entends-tu par là ? — S.... mille tonnerres ! sais-tu qui tu es, et ce que tu es ? »

« Oh, que oui, je sais tout cela ! » dit la fille, avec un rire convulsif, et en secouant le tête d'un air d'indifférence.

« Eh bien, donc, tiens-toi tranquille ! » reprit l'autre, aussi brutalement que s'il parlait à son chien; « sans quoi je t'imposerai silence pour un bon bout de temps ! »

Celle-ci rit encore avec moins de retenue qu'auparavant ; et lançant à Sikes, un regard furtif, elle détourna la tête et se mordit la lèvre jusqu'au sang.

« Ah, oui ! tu es une bonne fille, c'nest pas là l'embarras ! » ajouta Sikes, la regardant avec un air de mépris, « de te donner ainsi des airs de beaux sentimens. C'est un bien beau sujet pour *cet enfant* (comme tu l'appelles), de se faire de toi *une amie !* »

« Sans compter que je l'suis ! » s'écria Nancy avec colère; « et que j'voudrais être à la place de *ceux* auprès de qui nous avons passé si près ce soir, plutôt que d'vous avoir aidé à retrouver ce pauvre petit malheureux! A partir d'aujourd'hui, c'est un menteur, un voleur, un escroc; que sais-je! tout ce qu'il y a de plus abominable! N'est-ce pas assez, pour ce vieux brigand, sans qu'il lui donne encore des coups? »

« Allons, allons! » dit le juif, s'adressant à Sikes, et lui faisant remarquer avec quelle attention ses jeunes élèves prêtaient l'oreille à tout ce qui se passait; » il faut en venir à des paroles de paix, Guillaume, à des paroles de reconciliation. »

« Des paroles de paix! » s'écria la fille, affreuse à voir en ce moment, défigurée qu'elle était par la colère. « Des paroles de paix, vous, vieux scélérat! Oui, vous les méritez bien! — J'ai volé pour vous, que je n'avais guère que la moitié de l'âge de cet enfant » (dit-elle, en montrant Olivier); « j'ai toujours fait le même commerce, et toujours pour la même personne, depuis douze ans. N'est-ce pas vrai? dites! Pouvez-vous dire le contraire? »

« Eh bien, eh bien! » répliqua le juif, cherchant à la calmer; si tu l'as fait, c'est pour exister! »

« Oui ! » s'écria celle-ci de toute la force de ses poumons, « c'est mon existence, comme la gelée, le brouillard et la boue des rues sont mon logis ! Et vous êtes le vieux scélérat qui m'y avez exposée depuis mon enfance, et qui m'y exposerez jour et nuit, jusqu'à ce que je meure ! »

« Il t'arrivera malheur ! » reprit le juif, excité par ces reproches. — « Quelque chose pire que cela, si tu dis un mot de plus ! »

La fille ne dit rien de plus; mais s'arrachant les cheveux et déchirant ses habits, dans un accès de rage, elle se précipita sur Fagin, et lui aurait probablement laissé des marques de sa vengeance, si Sikes ne se fût interposé à temps, en lui prenant les poignets. elle fit quelques efforts inutiles pour se dégager, et s'évanouit.

« La voilà bien maintenant ! » dit Sikes, la posant par terre, dans un coin de la chambre. — « Elle a une force étonnante dans les bras, quand elle est irritée à ce point ! »

Le juif s'essuya le front et sourit de contentement, de se voir délivré de cette scène tragique; cependant ni lui, ni Sikes, ni les garçons, ni le chien lui-même, ne parurent la considérer sous un autre point de vue que comme une chose inséparable des affaires.

« Je ne connais rien de pire que d'avoir à démêler avec les femmes, » dit le juif, remettant le gourdin à sa place. « Elles ont bien des qualités aussi, cependant, et elles nous sont bien utiles dans notre *profession*. — Charlot ! conduis Olivier se coucher ! »

« Je pense qu'il fera bien de ne pas mettre ses beaux habits demain, n'est-ce pas Fagin ? » demanda Charlot, tirant la langue avec malice.

« Comme de raison ! » répartit celui-ci, faisant une grimace à son élève, en signe d'intelligence.

Maître Bates, grandement satisfait, en apparence, de la mission dont il était chargé, prit le bâton fendu, qui servait de chandelier, et conduisit Olivier dans une pièce voisine, où étaient deux ou trois lits sur lesquels le pauvre enfant avait déjà dormi. Là, avec des éclats de rire irrésistibles, il fit voir au jeune Twist, les mêmes guenilles que celui-ci s'était flatté de ne plus jamais remettre; et il lui expliqua en même temps comment, par le juif qui les avait achetés, le vieux Fagin avait découvert le lieu de sa retraite.

« Ote ceux-ci! » dit Charlot, « que je les donne à Fagin, pour qu'il en prenne soin. — Dieu! c'te bonne farce! »

Le malheureux orphelin se soumit de mauvaise grâce; et maître Bates, ayant roulé et mis sous son bras l'habillement neuf de ce dernier, s'en alla, emportant la chandelle et fermant la porte à clef.

Le bruit des éclats de rire de Charlot, et la voix de Betsy qui arriva fort à propos, pour délacer son amie et lui jeter de l'eau sur les tempes, afin de la faire revenir à elle, auraient pu tenir éveillés bien des gens dans une position plus heureuse que celle dans laquelle se trouvait Olivier; mais il était malade et accablé de lassitude, et il s'endormit bientôt profondément.

CHAPITRE III.

LE SORT, QUI NE SE LASSE POINT DE POURSUIVRE OLIVIER, AMÈNE A LONDRES UN PERSONNAGE ILLUSTRE, QUI LE PERD DE RÉPUTATION.

C'est une coutume assez ordinaire, sur le théâtre, quand on représente un mélodrame, de faire succéder le comique au tragique et le tragique au comique alternativement. Tantôt, c'est le héros de la pièce, étendu sur un lit de paille, et accablé tout à la fois par le poids de ses malheurs et de ses chaînes. Il est bientôt remplacé par son fidèle écuyer qui, ignorant le sort de son maître, régale les spectateurs d'une chanson comique. Une autre fois, notre sensibilité est sensiblement excitée en voyant l'héroïne au pouvoir d'un fier et cruel baron : sa vie et sa vertu, également en danger, elle tire son poignard pour conserver l'une aux dépens de l'autre ; et, au moment même où notre attente est portée au plus haut point, un coup de sifflet se fait entendre, et nous voilà aussitôt transportés dans la grande salle du château, où un vieux sénéchal en cheveux gris, chante un air ridicule, en chœur avec des vasseux encore plus ridicules, qui, libres de soins et de soucis, s'en vont de compagnie, chantant continuellement.

Comme les ressources subites de la scène et les changemens rapides de temps et de lieu, ne sont pas seulement sanctionnés dans les livres, par une longue coutume, mais sont considérés, par la plupart des gens, comme le grand art de la production, (le talent de l'auteur, à conduire l'intrigue de son ouvrage, étant estimé, par tel ou tel critique, en raison des dilemmes dans lesquels il laisse ses personnages, à la fin de chaque chapitre), cette courte introduction paraîtra peut-être inutile. Dans tous les cas, on doit la considérer de la part de l'auteur, comme une adroite insinuation, qu'il va ramener le lecteur au lieu de naissance d'Olivier, et qu'il a de puissans motifs pour en agir ainsi.

Un matin, de très-bonne heure, M. Bumble sortit du dépôt de mendicité et monta la grande rue d'un pas ferme et assuré. Il était dans toute la gloire et l'orgueil de sa dignité de bedeau : les galons de son tricorne et de son habit brillaient au soleil, et il serrait sa canne dans sa main avec toute la force de la santé et du pouvoir. M. Bumble portait toujours la tête haute, mais ce jour-là il la portait encore plus haut que de coutume. Il y avait une distraction dans son regard et une noblesse dans son maintien, qui auraient pu faire présumer à l'observateur intelligent que des pensées d'une nature peu commune, occupaient l'esprit du bedeau. Il ne daigna pas s'arrêter pour converser avec les petits boutiquiers et les autres personnes qui lui adressèrent la parole; il se contenta de répondre à leurs salutations par un signe de la main, et ne ralentit sa marche que quand il fut arrivé à la *ferme*, où madame Mann gardait les jeunes enfans du dépôt avec un soin *paroissial.*

« Que le diable emporte ce *satané* bedeau, si ce n'est pas lui qui nous arrive si matin ! » dit celle-ci entendant secouer avec impatience la porte du jardin. — « Eh ! monsieur Bumble, je pensais bien que ce ne pouvait être que vous !—C'est un vrai plaisir et une surprise agréable de vous voir si matin ! — Donnez-vous donc la peine d'entrer, je vous prie ! »

Les premiers mots furent adressés à Suzanne, et les derniers à M. Bumble, tout en lui ouvrant la porte et en l'introduisant dans la maison, avec les plus grandes marques d'attention et de respect.

« Madame Mann ! » dit M. Bumble, se laissant aller graduellement et lentement sur une chaise, au lieu de s'asseoir brusquement comme le ferait un malotru. Madame Mann, je vous souhaite le bonjour ! »

« Bien l' bonjour monsieur Bumble ! » reprit celle-ci avec maint sourire gracieux. « Comment va cette précieuse santé? »

« Couci, couci, madame Mann, » répliqua le bedeau. « Une vie *paroissiale* n'est pas un lit de roses, madame Mann ! »

« Bien sûr que non, » poursuivit la dame. (Tous les enfans confiés à ses soins auraient pu répondre en chœur, s'ils l'eussent entendue.)

« Une vie *paroissiale*, madame Mann, » continua le bedeau, frappant la table avec sa canne, « est une vie de travail, de vexation et de tourment! Mais tous les *personnages publics* (si je puis m'exprimer ainsi) doivent s'attendre à souffrir la persécution. »

Madame Mann, ne devinant pas trop ce que le bedeau voulait dire, leva les mains au ciel, avec un air de sympathie, et soupira.

« Ah! vous pouvez bien soupirer, madame Mann! » dit Bumble.

Voyant qu'elle avait bien fait, celle-ci soupira de nouveau, à la grande satisfaction du *fonctionnaire public*, qui réprima un gracieux sourire, en regardant fixement son tricorne.

« Je vais à Londres, madame Mann, » dit-il.

« Vraiment, monsieur Bumble! » reprit celle-ci, joignant les mains et faisant trois pas en arrière, en signe d'étonnement.

« Oui, madame, » répliqua l'imperturbable bedeau, » je vais à Londres, par la diligence, madame Mann..., moi et deux pauvres du dépôt. Nous avons un procès au sujet de ces deux pauvres, qui ne sont pas de notre paroisse, et que nous ne voulons pas garder, comme de raison..., et c'est *moi*, madame Mann, que le conseil d'administration, a choisi pour son représentant, et qui dois répondre en son nom, aux prochaines sessions de Clerkinwell (1)....

« Et je me demande à moi-même, » continua-t-il, en se redressant de toute sa hauteur, « si les sessions de *Clerkinwell* n'auront pas du fil à retordre, avant d'en avoir fini avec moi. »

« Oh! n'allez pas les traiter trop sévèrement, » dit madame Mann d'un air flatteur.

« Les *sessions de Clerkinwell* m'y auront contraint, madame Mann! » reprit M. Bumble; « et si les sessions de Clerkinwell ne s'en retirent pas aussi bien qu'elles le pensent, elles ne devront s'en prendre qu'à elles-mêmes. »

Ces paroles furent dites avec une expression si chaleureuse et d'un air si menaçant, que madame Mann en fut effrayée.

(1) Assises qui se tiennent quatre fois l'année, pour juger certaines causes civiles ou criminelles. (*N. du T.*)

« Vous allez donc par la diligence? » dit-elle enfin. « Je croyais que c'était l'habitude d'envoyer *ces* pauvres dans des charrettes? »

« C'est lorsqu'ils sont malades, madame Mann, » reprit l'autre. « Nous les mettons dans des charrettes découvertes, pour prévenir les vents coulis... dans la crainte qu'ils ne s'enrhument. »

« Ah! c'est autre chose, » reprit madame Mann. »

« La concurrence se charge de ceux-là pour peu de chose, » continua le bedeau. « Ils sont tous deux dans un bien triste état;... et nous trouvons qu'à les changer, il nous en coûtera deux livres sterling moins cher qu'à les enterrer : c'est-à-dire, si nous parvenons à les faire recevoir dans une autre paroisse; ce qui ne nous sera pas difficile, je pense, à moins qu'en dépit de nous, ils ne viennent à mourir en route; ah! ah! ah! »

Quand M. Bumble eut bien ri, ses yeux rencontrèrent son tricorne, et il reprit sa gravité.

« Ah ça! mais tout en causant, nous oublions les affaires, » dit-il. « Madame

Mann, voici votre *salaire paroissial* du mois. »

Disant cela, il tira de son portefeuille quelques pièces d'argent roulées dans du papier, et demanda un reçu que madame Mann écrivit aussitôt.

« C'est bien griffonné, » dit-celle-ci, « mais ça passera tout d' même. — Bien obligée, monsieur Bumble. — C'est moi qui vous remercie.

Le bedeau fit un léger signe de tête, en réponse à la courtoisie de la dame, et s'informa de la santé des enfans.

« Pauv' p'tits trésors ! » dit elle avec émotion... Ils sont aussi bien qu'on peut l'être. » Ces chers enfans !... excepté, pourtant, les deux qui sont morts la semaine dernière... et puis l' petit Richard, qui jette un mauvais coton. »

« Est-ce qu'il ne va pas mieux ? » demanda le bedeau.

Madame Mann secoua la tête.

« C'est un enfant d'une nature *vicieuse*, *rebelle* et *équivoque*... Où est-il, madame Mann ? »

« J' men vais vous l'amener à l'instant, » reprit celle-ci. « — Richard ! »

Après s'être fait appeler plusieurs fois, l'enfant parut enfin; et, ayant eu la figure lavée sous la pompe et essuyée avec la robe de madame Mann, il fut amené en la présence imposante du bedeau.

L'enfant était pâle et maigre; il avait les joues creuses et les yeux larges et brillans. L'habillement étroit de la paroisse (la livrée de la misère) flottait sur son corps débile; et ses membres délicats étaient usés comme ceux d'un vieillard.

Tel était le petit être qui, n'osant lever les yeux sur M. Bumble et craignant d'entendre la voix du bedeau, se tenait tout tremblant devant lui.

« N'pouvez-vous lever la tête et r'garder monsieur, vous p'tit *ostiné?* » dit madame Mann.

L'enfant leva doucement les yeux, et son regard rencontra celui de M. Bumble.

« Eh bien, quoi, Richard! qu'y a-t-il, mon garçon ? » demanda celui-ci, avec une bouffonnerie hors de saison.

« Rien, monsieur, » répondit l'enfant d'une voix faible.

« J'pense bien que non! » dit madame

Mann, riant bien fort de la grosse malice de M. Bumble. « A coup sûr, vous n'avez besoin de rien. »

« J' voudrais bien..... » balbutia l'enfant.

« Eh bien ! » reprit la femme, « n'allez-vous pas dire qu'il vous manque quelque chose à présent ? »

« Attendez, madame Mann, attendez ! » dit le bedeau balançant sa main avec un air d'autorité. — « Tu voudrais bien, quoi, hein ? »

« Je voudrais bien, » balbutia l'enfant, « trouver quelqu'un qui *serait* assez bon pour m'écrire quelques mots sur un p'tit morceau de papier, le ployer, le cacheter et le garder pour moi, quand je s'rai dans la terre. »

« Que veut dire cet enfant ? » s'écria M. Bumble, sur qui l'air sérieux et la figure blême du petit garçon avaient fait quelqu'impression, accoutumé cependant qu'il était à ces sortes de choses. » Que veux-tu dire, mon garçon ? »

« Je voudrais bien, » dit Richard, » faire mes adieux à ce pauvre Olivier Twist, et lui faire savoir combien de fois, seul en moi-même, j'ai pleuré en pensant à l'abandon auquel il était livré, au milieu de la nuit, sur la grande route, exposé au froid et à la pluie, et n'ayant personne pour le secourir... Et j'voudrais lui dire aussi, » poursuivit l'enfant, en joignant les mains d'un air suppliant, « que je suis content de mourir, tandis que j'suis encore jeune;... parce que, si j' devenais vieux, ma petite sœur, qui est dans le ciel, pourrait m'oublier ou ne me r'connaîtrait peut-être plus;... et il vaut bien mieux que nous soyons là tous les deux ensemble pendant qu' nous sommes encore enfans l'un et l'autre. »

M. Bumble toisa le petit orateur des pieds à la tête avec le plus grand étonnement, et se tournant vers madame Mann :

« Ils sont tous de la même *trempe !* » dit-il. « Cet audacieux Olivier les a tous démoralisés ! »

« Je ne l'aurais jamais cru, monsieur ! » dit madame Mann, levant les mains et regardant Richard d'un air courroucé. « Jamais d' ma vie ni d'mes jours, je n'ai vu un petit misérable si endurci ! »

« Faites-le disparaître de devant mes yeux, madame Mann ! » dit le bedeau d'un ton impérieux. « Je suis obligé, en conscience, d'en faire mention au comité, savez-vous bien, madame Mann ? »

« Jespère que *ces Messieurs* ne penseront pas qu'il y ait de ma faute, monsieur Bumble ? » reprit celle-ci en pleurnichant.

« Ils comprendront facilement qu'il n'y a dans tout ceci, rien de votre faute, madame, » dit avec dignité M. Bumble. « J'aurai soin de leur faire voir la vérité dans tout son jour, madame Mann. — Allons, emmenez cet enfant ! sa présence me fait mal ! »

Richard fut emmené aussitôt et enfermé dans le cellier ; et, peu après, M. Bumble lui-même sortit pour aller faire ses préparatifs de voyage.

Le lendemain matin, à six heures, M. Bumble ayant changé son tricorne contre un chapeau rond, et empaqueté son individu dans une redingote bleue, prit place à l'extérieur de la diligence, en compagnie des deux *criminels* dont l'administration cherchait à se défaire, et qui étaient la cause bien innocente du procès qui appelaît le bedeau à Londres. Celui-ci arriva à la capitale, sans avoir éprouvé en route d'autre inconvénient que celui causé par la conduite *inconvenante* des deux pauvres, qui persistèrent à se plaindre du froid, et à grelotter, tout le temps que dura le voyage, d'une telle manière (à ce que dit M. Bumble), que les dents lui en claquèrent dans la tête, et qu'il se sentit tout-à-fait mal à son aise, quoiqu'il eût sa grosse rédingote sur le corps.

S'étant débarrassé de ces gens *incommodes*, pour la nuit, le bedeau s'installa à l'hôtel où s'était arrêtée la diligence, et s'y fit servir un dîner copieux, composé de tranches de bœuf à la sauce aux huîtres, avec une bouteille d'excellent *porter*. Lorsqu'il eut fini, il se versa un verre de *grog* qu'il mit sur la cheminée, approcha sa chaise du feu, et, après quelques réflexions morales, sur le désagrément de voyager avec des gens qui grelottent et qui se plaignent, il se disposa à lire le journal.

Le premier article sur lequel ses yeux se portèrent fut l'insertion suivante :

CINQ GUINÉES DE RÉCOMPENSE.

« Un jeune garçon de Pentonville, nommé Olivier » Twist, que l'on retient caché, ou qui a été attiré hors

» de chez lui, a quitté sa demeure jeudi dernier, dans
» la soirée, et n'a pas reparu depuis.

» La récompense ci-dessus sera accordée à quiconque
» donnera des renseignemens qui puissent amener à
» la découverte dudit Olivier Twist, ou qui tendent à
» jeter un certain jour sur les particularités de son his-
» toire, que la personne qui fait paraître cet avis a le
» plus grand intérêt à connaître. »

Venait ensuite le détail exact de l'âge, du costume, de l'extérieur et de toute la personne d'Olivier; la manière dont il avait disparu, ainsi que le nom et l'adresse de M. Brownlow.

M. Bumble ouvrit les yeux, lut l'article doucement et avec la plus scrupuleuse attention, à trois reprises différentes, et, cinq minutes après, il était sur le chemin de Pentonville, ayant oublié, dans sa précipitation, le verre de grog qu'il avait posé sur la cheminée.

« M. Brownlow est-il à la maison? » demanda-t-il à la fille qui lui ouvrit la porte.

A cette question, celle-ci fit la réponse aussi ordinaire qu'évasive « Je ne sais pas. — De quelle part venez-vous? »

M. Bumble n'eut pas plus tôt prononcé le nom d'Olivier et expliqué le motif de sa visite, que madame Bedwin, qui écoutait à la porte de la salle , se précipita hors d'haleine dans le couloir.

« Entrez , entrez ! » dit la vieille dame. « Je savais bien que nous aurions de ses nouvelles! —Pauvre petit! —Je savais bien que nous en aurions !... J'en étais sûre!—Cher enfant!... Je l'ai toujours dit! »

Disant cela, la bonne dame retourna dans la salle en toute hâte, et s'assayant sur le sopha elle fondit en larmes; tandis que la domestique, qui n'avait pas tant de sensibilité, monta l'escalier quatre à quatre, et revint bientôt dire à M. Bumble de la suivre. Elle l'introduisit dans le cabinet d'étude, où M. Brownlow et son ami Grimwig étaient assis à une table, avec un carafon et des verres devant eux.

« Un bedeau! — Un vrai bedeau de paroisse!... J'en mangerais ma tête, que c'est un bedeau ! » s'écria ce dernier.

« Je vous en prie, mon cher ami, ne nous interrompez pas pour le moment, » dit M. Brownlow. — Et s'adressant à Bumble : « Donnez-vous la peine de vous asseoir, monsieur. »

M. Bumble s'assit, tout-à-fait interdit par l'originalité des manières de M. Grimwig. M. Brownlow plaça la lampe, de manière à mieux voir le bedeau, et dit avec un peu d'impatience :

« C'est sans doute au sujet de l'article que j'ai fait insérer dans le journal, que vous êtes venu?.... »

« Oui, monsieur, » répondit Bumble.

« Et vous êtes bedeau, n'est-ce pas? » demanda M. Grimwig.

« Je suis bedeau *paroissial*, messieurs, » répliqua l'autre avec orgueil.

« Sans doute, » reprit Grimwig à part à son ami ; « je savais bien que c'était un bedeau. La coupe de sa redingote est *paroissiale*, et il sent le bedeau à une lieue à la ronde. »

M. Brownlow fit un signe de tête à son ami, pour lui imposer silence, puis il reprit:

« Pouvez-vous nous dire où est ce pauvre enfant, maintenant? »

« Pas le moins du monde, » repartit Bumble.

« Eh bien! que savez-vous de lui?» demanda M. Brownlow. « Parlez, mon ami, si vous avez quelque chose à dire.... Que savez-vous de lui?

« Rien de bon; sans doute? » dit M. Grimwig, après avoir examiné attentivement le bedeau.

Celui-ci prit cette question à la lettre, et hocha la tête d'un air capable.

« Vous voyez! » dit M. Grimwig, en fixant son ami d'un air triomphant.

M. Brownlow chercha à lire dans les traits du bedeau la réponse qu'il allait en recevoir, et le pressa de lui dire, aussi brièvement que possible, ce qu'il savait sur le compte d'Olivier. M. Bumble ôta son chapeau, déboutonna sa redingote, croisa les bras, pencha la tête un peu en avant, et, après quelques momens de réflexion, il commença son récit.

Il serait ennuyeux de rapporter ici les paroles du bedeau, qui discourut pendant près de vingt minutes. Il suffira de savoir, qu'au résumé, il raconta qu'Olivier était un enfant trouvé, d'une basse extraction, qui n'avait déployé d'autres qualités, depuis sa naissance, que la *perfidie*, l'*ingratitude* et la *méchanceté*; et qu'il avait terminé sa courte carrière, dans le lieu de sa naissance, par un acte lâche et *sanguinaire*, sur la personne d'un garçon de charité; après quoi il s'était sauvé de chez son maître, au milieu de la nuit. Puis, pour prouver qu'il était réellement la personne pour laquelle il s'était donné dès l'abord, il étala sur la table les papiers qu'il avait apportés du dépôt de mendicité, et, croisant les bras de nouveau, il attendit les observations de M. Brownlow.

« Je crains bien que ce ne soit que trop vrai, » dit tristement celui-ci, après avoir jeté un coup d'œil rapide sur les papiers. « Cette somme est bien minime pour les renseignemens que vous venez de me donner; mais je vous aurais volontiers donné le triple et même le quadruple s'ils eussent été favorables à l'enfant. »

Il est bien probable que, si M. Bumble eût su cela un peu plus tôt, il aurait donné une toute autre tournure à son récit; mais il n'était plus temps : c'est pourquoi, secouant la tête gravement, il empocha les cinq guinées et se retira.

M. Brownlow se promena de long en large

dans la chambre, tellement troublé par le récit du bedeau, que M. Grimwig lui-même se garda bien de le contrarier plus longtemps. Enfin il s'arrêta et tira le cordon de la sonnette avec force.

« Madame Bedwin, » dit-il à la femme de charge qui vint pour recevoir ses ordres, « ce petit garçon... Olivier... est un imposteur ! »

« Cela ne peut pas être, monsieur, j'en suis sûre ! » dit énergiquement la bonne dame. »

« Je vous dis qu'il l'est ! » reprit sèchement M. Brownlow. « Que voulez-vous dire par : *cela ne peut pas être?* Nous venons d'en apprendre de belles sur son compte ! — Il paraît que, depuis sa naissance, il n'a été jusqu'à présent qu'un petit vaurien. »

« Je ne croirai jamais cela, monsieur ! » répliqua la bonne dame avec fermeté.

« Vous autres, vieilles femmes, vous n'avez foi qu'aux charlatans et aux contes de fées, » repartit brusquement M. Grimwig. « Pourquoi n'avez-vous pas suivi mes conseils dès le commencement ?—Vous l'auriez fait, s'il n'avait pas eu la fièvre, hein ? Mais, cela le rendait intéressant, n'est-ce pas ?...

Intéressant! c'te bétise! » Et en disant cela, il attisait le feu en brandissant le fourgon.

« Cet enfant est doux, aimable, reconnaissant, » reprit madame Bedwin, avec indignation. « Je sais bien ce que sont les enfans, peut-être... Il y a plus de vingt ans que j'les connais... et les gens qui ne peuvent pas en dire autant ne devraient rien dire; c'est du moins mon opinion. »

C'était une atteinte directe portée à M. Grimwig, qui était célibataire; mais comme cela ne fit qu'exciter le sourire du vieux garçon, la bonne dame secoua la tête, et roulant machinalement entre ses doigts le coin de son tablier, elle allait sans doute en dire davantage.

« Silence! » dit M. Brownlow, feignant une colère qu'il était loin de ressentir. « Ne prononcez jamais devant moi le nom de cet enfant! — C'était pour vous dire cela que je vous ai sonnée... Jamais, jamais!... sous quelque prétexte que ce soit. Songez-y bien! — C'est tout ce que j'avais à vous dire, madame Bedwin. — Rappelez-vous bien que je parle sérieusement. »

. . . .

. . . .

Il y eut des cœurs bien tristes, cette nuit-là, chez M. Brownlow. Quant à Olivier, le souvenir de ses dignes amis le plongeait dans la plus vive douleur. Il y aurait certainement succombé, s'il eût eu connaissance de la visite du bedeau chez son généreux protecteur.

CHAPITRE IV.

COMMENT OLIVIER PASSE LE TEMPS EN LA SOCIÉTÉ DE SES ESTIMABLES AMIS.

Le lendemain de ce jour, dans l'après midi, Fagin, profitant de l'absence du Matois et de maître Bates, qui étaient allés à leurs *occupations* ordinaires, fit une longue morale à Olivier, sur l'affreux péché de l'ingratitude, dont ce dernier s'était rendu grandement coupable, en s'éloignant volontairement de ses amis, inquiets de son absence; et (ce qui est bien pis), en cherchant à s'échapper, après toute la peine qu'on s'était donnée, et tous les frais qu'on avait faits pour le retrouver. Il fit sentir à l'enfant qu'il l'avait reçu et choyé chez lui, dans un moment où, sans ce secours aussi à propos qu'inopiné, lui, Olivier, serait mort de faim, sans aucun doute.

Il lui raconta l'intéressante et sinistre

aventure d'un jeune garçon que, dans sa philantropie, il avait secouru dans de pareilles circonstances, mais qui, s'étant montré indigne de sa confiance et de ses bienfaits, en cherchant à communiquer avec la police, avait fini par se faire pendre un beau matin, devant Old-Bailey (1). Le juif ne chercha pas à dissimuler qu'il fût en partie cause de cette catastrophe; mais il déplora, les larmes aux yeux, la cruelle alternative où l'avait réduit la conduite *perfide* et *inconsidérée* du jeune homme en question, qui, pour la sureté de Fagin et de quelques-uns de ses amis, devait *nécessairement* être victime d'un crime, réel ou supposé.

Il termina sa harangue par un tableau hideux de la potence et de ses effets, ajoutant avec une bonté et une tendresse vraiment paternelles, qu'il espérait bien n'être jamais obligé de soumettre Olivier à une si fâcheuse opération.

En entendant ce récit de la bouche de Fagin, le petit Olivier sentit son sang se glacer dans ses veines, et il crut deviner

(1) Prison de Londres. (*Note du traducteur.*)

une menace indirecte dans les dernières paroles du juif. — Il n'ignorait pas que la justice peut confondre l'innocent avec le coupable, lorsque le hasard les rassemble, et il pensa que ces infâmes projets de destruction et d'anéantissement de personnes trop *communicatives*, avaient dû être mis plus d'une fois à exécution par cet infernal vieillard, lorsqu'il se rappela la nature ordinaire des querelles de ce dernier avec Sikes.

Ayant timidement levé les yeux, il s'aperçut que son trouble et sa pâleur n'avaient point échappé au regard scrutateur du vieux scélérat, qui paraissait jouir de son embarras. Ce dernier fit un sourire affreux, et lui passant la main sur sa tête, il lui dit que s'il voulait être tranquille et s'adonner au *travail*, ils n'en seraient pas moins bons amis; puis, prenant son chapeau et s'affublant d'une vieille redingote longue (toute de pièces et de morceaux), il sortit, et ferma soigneusement la porte de la chambre à la clef.

Olivier resta ce jour-là et la plupart des jours suivans sans voir âme qui vive, depuis le matin, de très-bonne heure, jusqu'à minuit. Livré seul à lui-même, il pensa à ses dignes amis, et la crainte qu'ils n'eussent eu de lui une opinion défavorable, le rendit triste jusqu'à la mort. Huit jours après environ, le juif ne trouva plus nécessaire d'enfermer Olivier dans la chambre, et celui-ci put aller en liberté par toute la maison.

C'était un endroit très-sale ; mais comme les chambres du haut étaient garnies de panneaux, de chambranles et de corniches, que les portes en étaient larges, et que, d'ailleurs, toutes les boiseries en étaient sculptées, Olivier pensa que, bien long-temps avant que le vieux juif ne fût né, cette maison avait dû appartenir à des personnes d'un certain rang, et qu'elle avait bien pu être aussi jolie et aussi gaie qu'elle était sale et triste maintenant. Les araignées y avaient construit leurs toiles dans les angles des murs et du plafond ; et de temps en temps des souris trottaient sur le parquet, regagnant bien vite leurs trous, à la vue d'Olivier : c'étaient, du reste, les seuls êtres vivans qui habitassent cette maison (pendant le jour, du moins.) Souvent aussi, lorsqu'il commençait à faire sombre, et que l'enfant était las de rôder de chambre en chambre, il se tapissait dans un coin du passage, la figure collée contre la porte de la rue, afin d'être aussi près que possible des passans, et il restait là, prêtant l'oreille au moindre bruit, et comptant les heures jusqu'au retour du juif et de ses élèves.

Dans toutes les chambres, les volets vermoulus des fenêtres, étaient fermés avec soin, et les barres qui les retenaient étaient vissées fortement dans le bois; de sorte que le jour ne pénétrait qu'à travers quelques trous, ce qui donnait aux appartemens un aspect plus sombre, tout en les remplissant d'ombres toutes plus bizarres les unes que les autres.

Il y avait bien, dans le grenier du fond, une fenêtre grillée qui n'avait point de volets, et devant laquelle Olivier se plaçait souvent, pendant des heures entières, regardant d'un air triste et pensif; mais il n'y avait rien à voir qu'une masse confuse de toits, de cheminées noires et de pignons. Quelquefois pourtant il apercevait quelque vieille tête grise qui se montrait à la lucarne d'une maison lointaine, mais elle disparaissait aussitôt ; et comme la fenêtre de son observatoire à lui, était condamnée, et que les carreaux en étaient obscurcis par la poussière et la pluie, depuis bien des années, il avait déjà assez de peine à distinguer les objet du dehors, sans chercher à attirer l'attention de qui que ce fût (ce qui aurait produit, d'ailleurs, aussi peu d'effet, que s'il eût été dans la boule du clocher de St.-Paul).

Un jour, que le Matois et maître Bates devaient passer la soirée dehors, celui-là se mit alors en tête d'être plus recherché dans sa toilette que de coutume (faiblesse qui, à lui rendre justice, n'était pas habituelle chez lui, tant s'en fallait). Il commanda *très-poliment* à Olivier de l'aider à cet effet. Celui-ci était trop content d'avoir une occasion de se rendre utile; il était trop heureux d'avoir de la société, quelque mauvaise qu'elle fût d'ailleurs, et il avait un trop grand désir de se concilier l'affection de tous ceux qui l'entouraient, pour ne pas se prêter de bonne grâce à ce qu'on exigeait de lui. Il mit donc un genou en terre, de manière à ce que le pied du Matois, qui était assis sur la table, pût reposer sur l'autre, et il se mit en devoir de *polir les trottins* de ce dernier, ce qui veut dire, en bon français, qu'il cira ses bottes.

Soit que le Matois fût excité par ce sentiment de liberté et d'indépendance qu'éprouve nécessairement tout être pensant, quand il est assis nonchalamment sur une table, fumant sa pipe tout à son aise, balançant mollement une jambe, et faisant en même temps nettoyer ses bottes qu'il n'a pas même la peine d'ôter, et qu'il n'aura pas besoin de remettre; soit que la bonté du tabac éveillât sa sensibilité, ou que la qualité de la bière adoucît ses pensées, il se sentit, pour le moment, porté au romantique et à l'enthousiasme (deux choses si contraires à sa manière d'être). Il regarda Olivier d'un air pensif, pendant quelques instans, puis, avec un soupir et un balancement de tête, il dit, moitié à part lui et moitié à Charlot:

« Quel dommage qu'y n' soit pas *grinche!* »

« Ah ! y n' sait pas ce qui lui convient ! » reprit celui-ci.

Le Matois soupira de nouveau et reprit sa pipe. Charlot en fit autant, et tous deux fumèrent quelque temps en silence.

« J' pense bien qu' tu n' sais même pas c' que c'est qu'un *grinche ?* » dit le Matois, d'un air de pitié.

« Je crois que si, » répondit Olivier en levant la tête. « C'est un vol... ; c'est ce que vous êtes, n'est-ce pas ? » dit-il en se reprenant.

« Je le suis, et j' m'en fais gloire ! » répliqua le Matois... « Je m'en voudrais d'être autre chose ! » (Disant cela, il mit son chapeau sur l'oreille, et lança un coup d'œil à maître Bates, pour lui faire comprendre qu'il lui serait obligé de dire le contraire.) « Oui, je l' suis, » poursuivit-il, « et Charlot aussi, et puis Fagin, et puis Sikes, et puis Nancy, et puis Betsy ; nous le sommes tous ; tous, jusqu'au chien !... sans compter qu' c'est lui qu' a l' plus d' cœur à la *besogne.* »

« Et qu' est l' moins porté à *trahir,* » ajouta Charlot.

« C' n' est pas lui qu'aboierait jamais

dans l' banc des témoins pour se compromettre !... ah ben oui ! n'y a pas d' danger ! —Encore bien même qu'on l'y attacherait, et qu'on l' laisserait là quinze jours sans manger, » dit le Matois.

« Y s' respecte trop pour ça ! » répliqua Charlot.

« C'est vrai, qu' c'est un drôle de chien ! » poursuivit le Matois ; — « comme y vous r' garde fièrement un *camarade* qui s' met à rire ou à chanter, quand il est en société ! — Avec ça qu' y n' grogne pas du tout, quand il entend jouer du violon, et quy n' déteste pas les autres chiens qui n' sont pas d' sa race. — Non, s' cusez ! »

« C'est un *fameux chrétien,* » dit Charlot.

« C'est bon ! c'est bon ! » dit le Matois, reprenant le sujet dont ils s'étaient écartés, et auquel le ramena le souvenir de sa *profession*, qui influait sur toutes ses actions. « Ceci n'a rien à faire avec ce jeune *lophyte* (1). »

« C'est vrai, » reprit Charlot. « Que ne prends-tu du service, sous Fagin, Olivier? »

« Tu f'rais ta fortune tout d'un coup, » répliqua le Matois, en tirant la langue.

(1) Néophyte. *(Note du traducteur.)*

« Tu vivrais d' tes rentes, et tu f'rais l' monsieur, comme c'est bien mon intention, vienne la Saint-Jamais, ou le quarante-deuxième jeudi de la Trinité. »

« Non, je ne veux pas, » reprit timidement Olivier.

« Je voudrais bien qu'on me *laisse* en aller. J'ai... me... rais mieux m'en aller. »

« Et Fagin préfère que tu restes, » repartit Charlot.

Olivier ne le savait que trop bien ; mais pensant qu'il serait peut-être dangereux de s'exprimer trop franchement, il poussa un soupir et se remit à frotter les bottes du Matois.

« Allons donc ! » s'écria ce dernier. « Où est ton courage ? N'y a-t-il pas c' te fierté au-dedans de toi-même ? Voudrais-tu vivre aux dépens des amis, hein ? »

« Fi donc ! » dit maître Bates, tirant deux ou trois foulards de sa poche, et les jetant pêle mêle dans une armoire. « C'est trop vil ! c'est trop mesquin ! »

« Je n' pourrais jamais faire ça ! » dit le Matois, feignant la plus grande aversion.

« Ça n'empêche pas que vous abandonnez vos amis, et que vous les laissez punir pour ce que vous avez fait vous-mêmes, » reprit Olivier en souriant.

« Ça, c'est autre chose, » répliqua le Matois, ôtant sa pipe de sa bouche, — « c'est par pure considération pour Fagin... Parce que les mouchards savent que nous *travaillons* ensemble, et il aurait pu lui arriver des *désagrémens*, si nous n'avions *joué des jambes*... Et voilà le pourquoi... n'est-ce pas, Charlot? »

Maître Bates fit un signe de tête affirmatif. Il allait parler, mais le souvenir de la fuite d'Olivier se présenta si vivement à son imagination, que la fumée de sa pipe, qui se mêla avec un éclat de rire, lui sortit par le nez, par les yeux, et lui revint à la gorge, ce qui le fit tousser et frapper du pied, pendant plus de cinq minutes.

« Vois donc un peu ! » dit le Matois, montrant une poignée de *schellings* et de sous ; « c'est ça une vie joyeuse! Tiens, attrape!... y en a bien d'autres dans la tirelire de celui à qui j' les ai *soufflés!*... Tu n'en veux pas, n'est-ce pas ?... Imbécille, va ! »

« C'est bien vilain, n'est-ce pas, Olivier? »

dit Charlot... « y s' f'ra *soulever* un d' ces quatre matins, pas vrai ? »

« Je ne sais pas ce que ça veut dire, » répondit Olivier, tournant la tête.

« Tiens, mon vieux!... quéqu'chose dans c' genre-là, » reprit Charlot. Disant cela, maître Bates prit un des bouts de sa cravate, et le tenant en l'air, il laissa tomber sa tête sur son épaule, et fit un certain bruit avec ses dents, indiquant, par cette joyeuse pantomime, que *soulever* et pendre n'étaient qu'une seule et même chose.

« Voilà c' que ça veut dire, » poursuivit-il... « mais vois donc, Jacques, comme y me r' garde!... Non, jamais d' ma vie j' n'ai vu un garçon comme celui-là!... c'est d' *l'innocence*, numéro 1, parole d'honneur! — Y m' f'ra mourir de rire; d'abord... J' te dis, encore une fois, qu' j'aurai ma mort à lui reprocher! » Et maître Bates, ayant ri de si bon cœur que les larmes lui en vinrent aux yeux, se remit à fumer.

« Tu n'as pas été bien élevé, » dit le Matois, examinant ses bottes, après qu'Olivier eut fini de les cirer. « Fagin fera quelque chose de toi, cependant... ou bien alors tu s'rais l'premier qui n'aurait pas profité entre ses mains.... Tu f'rais bien mieux d'commencer tout d'suite, car tu en viendras toujours là, sans qu'tu ten doutes ; et tu n'fais seulement qu r'culer pour mieux sauter. »

Maître Bates appuya cet avis, de plusieurs reflexions morales de son cru ; après quoi, Dawkins et lui, s'étendirent au long, sur les plaisirs nombreux qui accompagnent ordinairement la vie qu'ils menaient; donnant à entendre à Olivier, que ce qu'il avait de mieux à faire, était de chercher à gagner les bonnes grâces et l'amitié de Fagin, en employant les moyens qu'ils avaient mis eux-même ens usage pour les mériter.

« Et mets-toi bien ça dans l'toupet, » dit le Matois, entendant le juif ouvrir la porte, « si tu *n't'attaches* pas aux *toquantes* et aux *blavins*....... »

« C'est comme si tu chantais de lui dire ça ! » observa Charlot, « est-ce qu'y t' comprend ? »

« Si tu *n't'attaches* pas aux montres et aux mouchoirs, » poursuivit le Matois, réduisant son langage à la portée d'Olivier, « d'autres le feront... De sorte que ceux qui s' les laissent prendre, tant pis pour eux! et tant pis pour toi aussi... et personne ne s'en trouvera mieux pour ça... excepté ceux qui posent *cinq* et qui relèvent *six*; et tu as autant de droit qu'les autres à la *profession*. »

« Sans doute, sans doute! » dit le juif, qui était entré sans qu'Olivier s'en fût aperçu. « Tout cela est clair comme le jour, mon cher!... rapporte-t-en à la parole du Matois... Ha, ha! il entend le cathéchisme de *sa profession*, celui-là! »

Continuant en ces termes l'argument du Matois, le vieillard se frotta les mains, en signe de satisfaction, et applaudit par un éclat de rire, aux talens de ce dernier. La conversation en resta là pour cette fois; car le juif avait amené avec lui mademoiselle Betsy et un *jeune homme* qu'Olivier n'avait pas encore vu, mais qui fut accosté par le Matois, sous le nom de Tom Chitling, et qui, s'étant amusé à folâtrer dans l'escalier avec la jeune fille, entra en ce moment.

M. Chitling avait quelques années de plus que le Matois (ayant déjà compté peut-être dix-huit printemps), cependant il y avait dans sa manière d'agir envers ce dernier, une certaine déférence qui indiquait assez clairement qu'il se reconnaissait inférieur à lui, sous le rapport du *génie* aussi bien que des ruses de leur *profession*. Il avait de petits yeux qu'il faisait aller dans tous les sens, et il était, en outre, criblé de petite-vérole. Une casquette de loutre, une méchante veste de drap brun et un pantalon de futaine plein de graisse, formaient toute sa garde-robe, qui, à dire le vrai, était hors d'état de servir; mais il s'en excusa auprès de la compagnie, en disant qu'il n'y avait pas plus d'une heure qu'il avait *fini son temps*, et qu'ayant porté l'*uniforme* pendant six semaines, il n'avait pas eu le loisir de s'occuper de sa *toilette*. —Il ajouta que le nouveau procédé qu'on avait adopté *là-bas* pour fumiger les vêtemens, était *infernal*, en ce qu'il les brûlait, et qu'il n'y avait pas moyen d'en réclamer la valeur. Il fit la même remarque au sujet de la manière *illégale*, avec laquelle on *y coupait les che-*

veux, et finit par déclarer que, pendant vingt-deux *mortels* jours d'un travail pénible et *forcé*, il ne lui était pas entré dans le corps la moindre goutte de *quoi que ce fût*, et qu'il voulait bien être *empalé tout vif*, s'il n'avait pas le *cornet* aussi sec qu'un panier de chaux.

« D'où penses-tu que vient ce *jeune homme*, Olivier ? » demanda le juif, faisant une grimace, tandis que les deux autres garçons mettaient une bouteille et des verres sur la table.

« Je... je... ne sais pas, monsieur, » répondit l'enfant.

« Tiens ! qu'est-ce que c'est que celui-là ? » demanda Tom Chitling, regardant Olivier d'un air dédaigneux.

« C'est un de mes jeunes amis, mon cher, » reprit le juif.

« Ah ! il a d' la chance, alors, » répartit l'autre, jetant un coup d'œil significatif à Fagin. « Peu importe d'où j' viens, mon jeune homme, tu iras assez tôt pour le savoir ; j' parie une couronne (1). »

(1) Pièce d'argent valant 6 fr. (*Note du traducteur.*)

Tous les autres se mirent à rire, et après quelques quolibets sur le même sujet, ils échangèrent quelques paroles à voix basse avec Fagin et sortirent. Celui-ci ayant causé quelque temps en particulier avec le nouveau venu, s'approcha du feu, et ayant dit à Olivier de venir s'asseoir auprès de lui, il amena la conversation sur les sujets les plus capables d'intéresser ses auditeurs. Il parla, par exemple, des avantages de la *profession*, des talens du Matois, de l'amabilité de Charlot et de sa libéralité à lui. A la fin, ces sujets paraissant totalement épuisés, et Tom Chitling lui-même tombant de fatigue (ce qui arrive ordinairement quand on a passé quelques jours à la maison de correction), mademoiselle Betsy se retira et chacun alla se coucher.

Depuis ce jour, Olivier fut rarement seul. Il était souvent avec les deux jeunes gens qui ne manquaient jamais de jouer, chaque matin, avec le juif, à leur jeu favori : que ce fût pour leur utilité privée ou pour le bien d'Olivier, c'est ce que Fagin eût pu dire mieux que personne. D'autres fois le vieillard racontait des histoires de voleurs ou de petites *farces* qu'il avait faites dans sa jeunesse; et tout cela était dit d'une si drôle de manière, qu'en dépit de ses bons sentimens, Olivier riait de si bon cœur que les larmes lui en venaient aux yeux.

Enfin, le vieux scélérat tenait l'enfant dans ses filets. Il l'avait amené, par la solitude et par la tristesse, à préférer la société de quelqu'un à celle de ses tristes pensées dans un chenil; et il distillait dans son jeune cœur le poison qui devait le noircir et en changer la bonté pour toujours.

CHAPITRE V.

UN GRAND PROJET EST DISCUTÉ, ET L'ON EN DÉTERMINE L'EXÉCUTION.

C'était par une nuit froide et humide que le juif, boutonnant sa grande rédingote jusqu'au menton et relevant le collet sur ses oreilles, de manière à cacher entièrement sa figure, sortit de son antre. Il resta un instant sur le seuil de la porte, tandis que ses élèves la fermaient derrière lui aux verroux et à la clé; et, ayant prêté l'oreille avec attention, jusqu'à ce qu'il ne lui fût plus possible d'entendre le bruit de leurs pas, il s'éloigna au plus vite.

La maison où était Olivier se trouvait dans le voisinage de White-Chapel (1). Le juif s'arrêta quand il fut arrivé au coin de la rue, et ayant regardé avec précaution au-

(1) Quartier de Londres. (*Note du traducteur.*)

tour de lui, il traversa le ruisseau et se dirigea vers Spitalfield (1).

Le pavé était couvert d'une boue épaisse, un brouillard noir obscurcissait les rues, la pluie tombait lentement, et chaque objet était froid et gluant au toucher. C'était justement la nuit qui convenait à un tel homme pour sortir. Se glissant à la dérobée le long des murs, pour être abrité par les auvens des boutiques, le hideux vieillard semblait un reptile dégoûtant, sorti de la fange et de l'obscurité au milieu desquelles il se traînait pour chercher de quoi se nourrir.

Il parcourut ainsi un grand nombre de rues sinueuses et étroites, jusqu'à ce qu'il fût arrivé à Bethnal-Green (2), où, tournant à gauche, il fut bientôt engagé dans un labyrinthe de petites rues sales qui abondent dans ce quartier populeux de la capitale.

Le juif connaissait trop bien le terrain pour être arrêté en aucune manière, ou

(1) Autre quartier de Londres.

(2) Autre quartier de Londres. (*Notes du traducteur.*)

par les difficultés du chemin, ou par l'obscurité de la nuit. Après avoir traversé maints carrefours et enfilé maints passages, il arriva au coin d'une rue éclairée par un seul réverbère placé à l'extrémité opposée. Il fit quelques pas et frappa à une porte, où, ayant échangé quelques mots à voix basse avec la personne qui lui ouvrit, il monta l'escalier.

Un chien se mit à gronder, comme il toucha le loquet de la porte, et une voix d'homme demanda : — « Qui va là ? »

« C'est moi, Guillaume; c'est moi, » dit le juif, jetant un coup d'œil dans la chambre.

« Montrez votre carcasse! » dit Sikes. « Couchez là, vilaine bête ! Ne connaissez-vous pas le diable, quand il a sa grande redingote? »

Apparemment l'animal avait été trompé par le costume de Fagin ; car, lorsque celui-ci se fut déboutonné et qu'il eut posé sa longue redingote sur le dos d'une chaise, il retourna dans son coin, en remuant la queue, pour montrer qu'il était aussi content qu'il pouvait l'être.

« Et bien ? » dit Sikes.

« Eh bien, mon cher ? » répliqua le juif. « Ah ! Nancy. »

Ces derniers mots furent prononcés avec quelque hésitation ; car c'était la première fois que Fagin et Nancy se rencontraient, depuis le jour où celle-ci avait pris si chaudement la défense d'Olivier. Tous ses doutes à ce sujet, cependant (si toutefois il en avait), furent bientôt dissipés par la conduite de la jeune fille envers lui. Elle retira ses pieds du garde-cendres, recula sa chaise, et pria le juif d'approcher la sienne, sans en dire davantage ; car il faisait un froid excessif.

« Il fait froid, Nancy ! » dit le juif approchant du feu ses mains décharnées. « Ça vous pénètre jusqu'aux os, » ajouta-t-il, en portant la main à son côté gauche.

« Faudrait un fameux froid, hein, pour que ça vous *aille* jusqu'au cœur? » dit Sikes. « Donne-lui qué-qu'chose à boire, Nancy. Mille tonnerres! Dépêche-toi! De voir sa vieille carcasse trembler comme celle d'un spectre hideux qui sort de la tombe, y a d' quoi vous rendre malade! »

Nancy apporta aussitôt une bouteille qu'elle prit d'un buffet où il y en avait beaucoup d'autres qui paraissaient contenir différentes sortes de liqueurs; et Sikes ayant versé un verre d'eau-de-vie, dit au juif de le boire tout d'un trait.

« Non, merci, Sikes, j'en ai bien assez ! » répliqua Fagin, remettant le verre sur la table, après y avoir posé seulement le bord de ses lèvres.

« Avez-vous peur que ça n'vous rende meilleur que vous êtes? » demanda Sikes, fixant le juif d'un air de mépris.

Ayant jeté en même temps dans les cendres, la liqueur qui restait dans le verre de ce dernier, il le remplit aussitôt pour lui-même.

Tandis qu'il avalait son eau-de-vie, le juif jeta un coup d'œil autour de la chambre (non pas que ce fût par curiosité, car il connaissait l'appartement, mais par un sentiment de crainte qui lui était naturel). L'ameublement en était grossier, et les seuls objets entassés dans l'armoire eussent pu donner à penser que le maître du logis n'était rien moins qu'un artisan. Deux ou trois *assommoirs*, placés dans un coin, et un fléau (1) accroché au-dessus du manteau de cheminée, étaient, du reste, les seuls objets qui pussent inspirer du soupçon.

« Eh bien ! » dit Sikes, en faisant claquer ses lèvres, « maintenant je suis prêt. »

« Pour la *besogne*, hein ? » demanda le juif.

« Pour la *besogne*, » répondit Sikes. « Ainsi, dites ce que vous avez à dire. »

« Au sujet de cette maison, à Chertsey, Guillaume ? » dit l'autre, rapprochant sa chaise et parlant très-bas.

« Oui. Après ? » demanda Sikes.

« Ah ! vous savez bien ce que je veux dire, mon cher, » dit le juif. « Il sait bien ce que je veux dire, n'est-ce pas, Nancy ? »

« Non, ma foi, *y* n' sait pas ! » dit en ricanant Sikes. « Ou bien *y* n' veut pas ; c' qu'est à peu près la même chose. — Parlez franchement, que diable ! Nommez les choses par leur nom ! — Quand vous serez là à cligner de l'œil, et à tourner au-

(1) Un fléau est un instrument de cuir garni de plomb par le bout. *(Note du traducteur.)*

tour du pot, comme si vous n'étiez pas le premier qui a eu l'idée de ce vol. — Tonnerre de Dieu, expliquez-vous ! »

« Chut ! Guillaume ! parlez plus bas ! » dit le juif, essayant en vain de calmer son ami. « On va nous entendre. »

« Eh bien, qu'on nous entende ! » reprit Sikes. « J' m'en moque pas mal ! »

Il paraît cependant qu'après réflexion, il ne s'en *moquait plus*, car il devint plus calme et parla bien moins haut.

« Là ! là ! » dit Fagin, d'un air cafard, « c'était seulement par prudence, et rien de plus, mon cher. — Maintenant, au sujet de cette maison à Chertsey ; quand doit-on se mettre à la *besogne*, hein, Guillaume ? — quand doit-on s'y mettre ? — Tant d'argenterie, mes enfans ! tant d'argenterie ! » poursuivit-il, se frottant les mains et levant les yeux au plafond, transporté de joie à l'avance, à l'idée du butin.

« N' faut plus y penser, » répliqua froidement Sikes.

« N' faut plus y penser ! » répéta le juif, se laissant aller sur le dos de sa chaise.

« Non, n' faut plus y penser, » reprit

Sikes. « Du moins ça n'est pas chose aussi facile que nous l'espérions.

« Alors, on ne s'y est pas bien pris ! » répliqua le juif pâle de colère. « Ne me dites pas... »

« Et moi, j' veux justement vous dire ! » s'ecria l'autre. « Qui êtes-vous donc, qu'on n' puisse pas vous parler? J' vous dis qu'il y a quinze jours que Toby Crackit *traîne ses guêtres* autour de la place, et il ne peut parvenir à mettre un des domestiques dans nos intérêts. »

« Voulez-vous dire Guillaume, » reprit le juif, s'adoucissant à mesure que l'autre s'échauffait, « qu'aucun des deux domestiques ne puisse être *persuadé ?* »

« Sans doute que c'est c' que je veux dire; et c'est comme je l' dis, »répartit Sikes. « Il y a vingt ans qu'*y* sont au service de la vieille; et on leur donnerait 500 livres sterling, qu' y r'fuseraient d'entrer dans le complot. »

« Oui, mais voulez-vous dire aussi, Guillaume, qu'il n'y a pas moyen de faire en sorteque les femmes soient des nôtres ? » demanda le juif.

« Pas le moins du monde, » répondit Sikes.

« Pas même par le moyen du *flambant* (1) Toby Crackit? » dit le juif d'un air de doute. « Vous n'ignorez pas ce que sont les femmes, Guillaume! »

« Eh bien, non; pas même par le moyen du *flambant* Toby Crackit, » répartit Sikes. « — Il dit qu'il a porté de faux favoris, qu'il a mis un gilet et des gants *serin Canarie*, tout l' temps qu'il a été là, et qu' ça n'a servi de rien. »

« Il aurait dû essayer de porter le costume militaire et des moustaches, mon cher, » répliqua le juif, après un peu de réflexion.

« C'est bien aussi ce qu'il a fait, » reprit Sikes. « Mais il paraît que ce moyen n'a pas mieux pris que l'autre. »

Le juif parut déconcerté à cette nouvelle, et ayant réfléchi quelques minutes, la tête penchée sur sa poitrine, il dit avec un soupir « que si *le flambant* Toby Crackit accusait vrai, il craignait bien qu'il ne fallût y renoncer. Et cependant, » ajouta-t-il, laissant

(1) Élégant. (*Note du traducteur.*)

tomber ses mains sur ses genoux, « c'est bien dur, mon cher, de perdre ainsi une chose sur laquelle nous avions fondé nos plus chères espérances et que nous regardions déjà comme à nous ! »

« C'est vrai, » dit Sikes, « c'est là le pis. »

Un long silence s'ensuivit, pendant lequel le juif, le visage livide et l'œil hagard, fut enseveli dans ses pensées. Sikes le regardait de temps à autre, et Nancy, craignant sans doute d'irriter le brigand, resta assise devant la cheminée, les yeux fixés sur le feu, avec l'indifférence d'une sourde pour tout ce qui se disait devant elle.

« Fagin, » dit Sikes, rompant tout-à-coup le silence, « me reviendra-t-il cinquante guinées en plus du partage, si nous réussissons du dehors ? »

« Oui, » dit le juif s'éveillant aussitôt comme d'un rêve.

« Est-ce convenu ? » demanda Sikes.

« Oui, mon cher; oui, c'est bien entendu, » répliqua le juif, saisissant la main de l'autre.

Disant cela, ses yeux étincelaient, et tous les muscles de son visage rendaient l'expression que la question de Sikes avait produite en lui.

« Alors, » reprit celui-ci, repoussant la main du juif avec un certain air de dédain, ça s' fera quand vous voudrez. — Nous étions, Toby et moi, l'avant-dernière nuit, sur le mur du jardin, à sonder les volets et les panneaux de la porte. La maison est fermée, la nuit, comme une prison; mais il y a un endroit que nous pouvons briser avec assurance, sans faire de bruit. »

« Lequel? » demanda le juif avec empressement.

« Vous savez bien, » dit l'autre à voix basse, « quand on a traversé la pelouse? »

« Oui, oui! » dit le juif penchant la tête, pour mieux entendre, et ouvrant les yeux si grands qu'ils semblaient sortir de leurs orbites.

« N'importe! » dit Sikes s'arrêtant tout court, à un signe de tête de la jeune fille, qui lui faisait remarquer la figure du juif. Peu importe l'endroit; vous ne pouvez rien faire sans moi, je l' sais bien; mais il vaut mieux se mettre sur ses gardes, quand on a affaire à vous.

« Comme vous voudrez, mon cher, comme vous voudrez, » reprit le juif, se mordant les lèvres. « Croyez-vous que Toby Crackit et vous, puissiez en venir à bout, sans le secours de personne? »

« Certainement, » dit Sikes. « Il ne nous faut qu'un vilbrequin et un enfant. Le premier, nous l'avons déjà; quant à l'autre, il nous faudra le trouver. »

« Un enfant! » s'écria le juif. « Oh! alors c'est pour un panneau, hein? »

« Peu vous importe! » reprit l'autre. « Il me faut un enfant et n' faut pas qu'il soit trop gros. — Ah! si j'avais seulement le petit garçon de Ned, le ramoneur de cheminées, ça f'rait bien mon affaire! — Il l'empêchait de grandir exprès pour ça, et il le louait à l'occasion; mais le père s'est fait *pincer*, et alors, v'là la *société des jeunes délinquans* qui s'en mêle, et qui, r'tirant cet enfant d'un *état* où il gagnait de l'argent, lui fait apprendre à lire et à écrire et, par suite, le met en apprentissage. Et c'est ainsi *qu'y* conduisent le monde! » continua-t-il avec indignation; « c'est ainsi qu'y conduisent le monde! — Et s'ils avaient aussi bien assez d'argent comme ils n'en ont pas (grâce à Dieu), il ne nous resterait pas, l'année prochaine, six enfans dans le *commerce* à notre disposition. »

« Ce n'est que trop vrai, » répliqua le juif qui, absorbé dans ses réflexions tout le temps que parla Sikes, n'avait saisi que les derniers mots de son discours. « Guillaume ! »

« Eh bien ? » demanda celui-ci.

Le juif fit un signe de tête vers la jeune fille, qui avait les yeux toujours fixés sur le feu, pour donner à entendre à Sikes qu'elle devait quitter la chambre. Celui-ci haussa les épaules d'un air d'impatience, pensant que la précaution était inutile, et finit cependant par dire à Nancy d'aller lui chercher un pôt de bière.

« Tu n' veux pas d' bière, » dit Nancy, croisant les bras et restant bien tranquillement sur sa chaise.

« J' te dis qu' j'en veux ! » répartit Sikes.

« C'est d' la farce, » répliqua froidement celle-ci : « allez toujours, Fagin. — J' sais bien c' qu'y va dire, Guillaume ; — il n'a pas besoin d' faire attention à moi. »

Le juif hésita encore, et Sikes les regarda tous les deux avec étonnement.

« Je pense bien que Nancy ne doit pas vous faire peur? » dit à la fin celui-ci; « vous la connaissez depuis assez de temps pour avoir confiance en elle, ou l' diable s'en mêlerait alors. — Ce n'est pas une fille à *manger l' morceau*; — n'est-ce pas, Nancy? »

« J' pense bien que non, » reprit la fille, s'approchant de la table et posant ses deux coudes dessus.

« Non, non, ma chère; je sais bien que tu en es incapable, » dit le juif, « mais.... » Et le vieillard hésita de nouveau.

« Mais quoi? » demanda Sikes?

« C'est que j'ignorais si elle n'était pas aussi mal disposée que l'autre soir, vous savez, Guillaume? » répondit le juif.

Nancy partit d'un éclat de rire, et, avalant un verre d'eau-de-vie, elle secoua la tête comme si elle eût voulu narguer Fagin; — puis elle se mit à crier à tue tête : « *Allez toujours vot' p' tit bonhomme de chemin! N' parlez jamais d' vous rendre!* » et autres choses semblables, qui parurent tout-à-fait rassurer les deux hommes.

« Maintenant, Fagin, » dit Nancy en riant, « faites-nous donc part de vos intentions au sujet d'Olivier.

« Ah! tu es une fine mouche, ma chère!... Tu es la fille la plus *subtile* que je connaisse! » dit le juif, lui donnant de petites tapes sur le cou. « C'est en effet d'Olivier que je veux parler. Ah! ah! ah! »

« Que voulez-vous dire? » demanda Sikes.

« C'est l'enfant qu'il vous faut, mon cher! » dit le juif d'un air de mystère, posant son doigt sur son nez, et faisant une affreuse grimace.

« Lui! » s'écria Sikes.

« Prends-le, Guillaume, » dit Nancy. — « Je le prendrais, moi, si j'étais que d' toi. Il peut bien n' pas être aussi *espiègle* que les autres; mais qu'est-ce que ça t' fait, si ce n'est que pour t'ouvrir une porte. — C'est un enfant sur lequel tu peux compter, va, sois-en sûr, Guillaume. »

«Elle a raison, » reprit Fagin. Il est en bon chemin, depuis quelques semaines; et il est grandement temps qu'il commence à se rendre utile; ne gagnerait-il que son pain.

— D'ailleurs, les autres sont trop gros. »

« Au fait il est justement de la taille qu'il me le faut, » dit Sikes après un instant de réflexion.

« Et il fera tout ce que vous voudrez, mon cher, » répliqua le juif... « Il ne pourra pas faire autrement, — c'est-à-dire si vous l'effrayez quelque peu. »

« L'effrayer! » s'écria Sikes, ce ne sera pas une fausse peur, croyez-le bien! S'il a l' malheur de m' faire des farces, une fois qu' y s'ra à *la besogne*, vous n' le r'verrez pas vivant, Fagin. Pensez-y sérieusement, avant de me l'envoyer, d'abord! » ajouta le brigand, soulevant une énorme pince qu'il tira de dessous le lit.

« J'ai pensé à tout cela, » dit l'autre avec force... « Je l'ai surveillé de près, mes amis... de bien près. — Qu'il comprenne une bonne fois qu'il est un des nôtres, — qu'il ait la certitude d'avoir *été voleur*, et il est à nous, — à nous pour la vie! — Ah! ah! ça ne pouvait pas mieux se trouver! » Disant cela, le vieillard croisa ses bras sur sa poitrine, renfonça sa tête dans ses épaules, et poussa un cri de joie.

« A nous ? » dit Sikes. « A vous, vous voulez dire. »

« Peut-être bien, mon cher, » reprit le juif, avec un affreux ricanement. « A moi, si vous voulez, Guillaume. »

« Et pourquoi, » dit l'autre d'un ton rechigné, « pourquoi ce méchant petit blanc-bec vous occupe-t-il tant, à lui tout seul ?... quand vous n'ignorez pas qu'il y en a cinquante pour un, qui flânent chaque soir, autour de *Covent-Garden* (1) et qu' vous pourriez choisir parmi eux ? »

« Parce qu'ils ne me sont d'aucune utilité, » répartit Fagin un peu embarrassé. « Ils ne valent pas la peine qu'on s'en occupe.... Leur physionomie parle contre eux, lorsqu'ils se font *pincer*, et je les perds tous. Avec cet enfant, s'il était bien dirigé, mes enfans, je ferais ce que je ne pourrais jamais faire avec vingt de ceux-là. Et puis, » continua-t-il, se remettant un peu de son trouble, « il nous tient, s'il venait encore une fois à *nous brûler la politesse*; et il faut qu'il soit absolument des nôtres, peu importe de

(1) Un des principaux marchés de Londres.

(*Note du traducteur.*)

quelle manière il s'y trouve. Tout ce que je demande c'est de l'amener *à pêcher avec les grinches*... Et vaut mieux que ça tourne comme ça que d'être obligés de nous en *défaire*, ce qui ne laisserait pas que d'être dangereux pour nous... sans compter que nous y perdrions. »

« Quand cela se fera-t-il ? » demanda Nancy, arrêtant une exclamation prête à échapper à Sikes sur qui cette prétention d'humanité, de la part de Fagin, avait produit le plus grand dégoût.

« En effet ! » dit le juif, « quand cela se fera-t-il, Guillaume ? »

« Je suis convenu avec Toby pour après-demain, si d'ici là je ne lui donnais point contre-ordre, » reprit Sikes d'une voix sombre.

« Bon, » dit le juif; « il n'y aura pas de lune. »

« Non, » répartit Sikes.

« Et vous avez pris vos mesures pour emporter le *magot*, n'est-ce pas ? »

Sikes fit un signe de tête affirmatif.

« Au sujet de ?..... »

« Oui, oui, tout cela est arrangé, » reprit

Sikes, sans lui donner le temps de finir sa phrase. « Ne vous inquiétez-pas des détails. Vous ferez bien d'amener l'enfant ici, demain soir... Jequitterai Londres une heure avant le jour... Quant à vous, ne dites rien et tenez le creuset tout prêt; c'est tout ce que vous avez à faire. »

Après une discussion à laquelle chacun d'eux prit une part active, Fagin ayant observé adroitement que, dans le cas ou Olivier montrerait de la répugnance pour *l'entreprise*, il accompagnerait, de préférence à toute autre, Nancy qui, tout récemment, avait pris son parti avec tant de chaleur, il fut arrêté que celle-ci se rendrait le lendemain au soir chez le juif, pour y prendre l'enfant. Il fut aussi solennellement convenu que, pour le bien de la susdite *entreprise*, le pauvre Olivier serait confié sans réserve aux soins et à la garde de Guillaume Sikes, et, qu'en outre, ledit Sikes pourrait en faire ce que bon lui semblerait, sans être responsable, auprès du juif, des chances malheureuses que pouvait courir l'enfant, ou du châtiment qu'il serait nécessaire de lui infliger, à charge pourtant, par le *flambant*

Toby Crackit, de confirmer et d'appuyer sur tous les points importans, la déposition faite par Sikes à Fagin, au retour de *l'expédition.*

Ces préliminaires ainsi réglés, Sikes avala quelques verres d'eau-de-vie, et s'étant mis à brandir la pince de fer d'une manière effrayante, il chanta ou plutôt il beugla quelques refrains qu'il accompagna d'horribles imprécations. Ensuite, dans un accès d'enthousiasme pour son *état*, il alla chercher sa boîte à *outils* qu'il posa sur la table et qu'il ouvrit pour expliquer la nature et l'usage de chacun des objets qui y étaient renfermés. Il en avait à peine levé le couvercle, qu'il tomba lourdement avec elle sur le plancher, où il s'endormit presque aussitôt.

« Bonne nuit! Nancy » dit le juif, endossant sa redingote.

« Bonne nuit! »

Le vieillard ayant donné en passant un coup de pied à l'ivrogne, tandis que la fille avait le dos tourné, descendit l'escalier à tâtons.

« C'est toujours comme ça, » marmotta le

juif entre ses dents, quand il fut seul dans la rue. « Ce qu'il y a de mal chez *ces* femmes, c'est qu'un rien suffit pour rappeler en elles des souvenirs du passé ; et ce qu'il y a de bon, c'est qu'ils ne durent pas. Ha ! ha ! — L'homme contre l'enfant, pour un sac d'or ! »

Avec ces agréables réflexions, Fagin regagna sa sombre demeure, où le Matois veillait en attendant son retour avec impatience.

« Olivier est-il couché?... J'ai besoin de lui parler, » dit-il en descendant l'escalier.

« Il y a déjà long-temps, » répondit le Matois, ouvrant la porte d'une chambre : « Le voilà ! »

L'enfant était couché sur un mauvais matelas étendu par terre, et dormait d'un profond sommeil. L'accablement, l'inquiétude et la tristesse de sa prison l'avaient rendu si pâle qu'il ressemblait à la mort : non pas comme elle se montre à nous, sous le linceul et dans la bière ; mais comme elle est quand la vie vient de cesser ; quand une jeune et belle âme vient de prendre son essor vers les cieux et que l'air grossier de ce monde n'a pas eu le temps d'effleurer le cadavre qu'il sanctifie.

« Pas maintenant, » dit le juif en s'éloignant doucement. « A demain, à demain. »

CHAPITRE VI.

OLIVIER EST REMIS ENTRE LES MAINS DE GUILLAUME SIKES.

Le lendemain matin, à son réveil, Olivier fut bien surpris de trouver, au pied de son lit, une paire de souliers neufs à fortes semelles, en place des siens qui étaient tout usés. D'abord il fut charmé de la découverte, pensant que ce pouvait bien être le précurseur de sa délivrance; mais il eut bientôt acquis la certitude du contraire, lorsqu'en déjeunant tête-à-tête avec le juif, ce dernier lui eut annoncé, d'une manière à redoubler ses alarmes, qu'on devait le conduire, le soir même, chez Guillaume Sikes.

« Pour... y ... res...ter, monsieur ? » demanda l'enfant d'un air inquiet.

« Non, non, mon ami, pas pour y rester, » reprit le juif. » Nous ne voudrions pas te perdre, ne crains pas cela, Olivier! Tu reviendras au milieu de nous : ha! ha! ha! nous ne sommes pas assez cruels pour te renvoyer, mon ami... certainement non!»

Disant cela, le facétieux vieillard qui était accroupi devant le feu, occupé à faire griller une tranche de pain, se mit à rire aux éclats, comme pour donner à entendre qu'il n'ignorait pas qu'Olivier serait bien content de se sauver s'il le pouvait.

« Je pense bien » (dit-il, en le regardant fixement) « que tu es curieux de savoir ce que tu vas faire chez Guillaume, hé! mon ami? »

Olivier rougit involontairement, à l'idée que le vieux recéleur avait deviné sa pensée. Il répondit pourtant avec assez d'assurance, que *oui*.

« Que penses-tu que tu vas y faire? » demanda l'autre, prévenant la question.

« Je ne sais pas trop, en vérité, monsieur, » répondit Olivier.

« Bah! » fit l'autre, se détournant pour cacher son désappointement. « Attends alors que Guillaume te le dise. »

Le juif parut très-contrarié de ce que l'enfant ne témoignait pas un plus grand désir d'en savoir davantage. Le fait est que celui-ci aurait bien voulu savoir ce à quoi on le destinait ; mais, troublé qu'il était par le regard scrutateur du juif et par ses propres pensées à lui, il lui fut impossible de faire aucune question à ce sujet. L'occasion d'ailleurs ne s'en présenta plus, car le juif resta sombre et silencieux jusqu'au soir, qu'il se disposa à sortir.

« Tu pourras allumer cette chandelle » (dit Fagin, en posant une sur la table). « Et voici un livre pour t'amuser à lire, jusqu'à ce qu'on vienne te chercher. Allons, bon soir ! »

« Bon soir ! monsieur, » répartit doucement Olivier.

Tout en se dirigeant vers la porte, le juif se retourna de temps en temps, pour regarder le jeune Twist ; et, s'arrêtant tout-à-coup, il l'appela par son nom.

Olivier leva la tête ; et, sur un signe de celui-là, il alluma la chandelle. Comme il posait le chandelier sur la table, il s'aperçut que, de l'extrémité obscure de la chambre, le vieillard le regardait fixement, en fronçant le sourcil.

« Prends garde, Olivier ! prends bien garde ! » (dit-il, en agitant la main d'un air sententieux)... « C'est un mauvais *gas* qui ne se gêne guère quand il est poussé à bout. Quoi qu'il arrive, ne dis rien, et fais tout ce qu'il te dira. —Fais-y bien attention d'abord ! »

Ayant appuyé sur ces derniers mots avec beaucoup d'emphase, il sourit d'une manière horrible, fit un signe de tête et sortit.

Olivier, resté seul, porta la main à son front, et, le cœur palpitant, il repassa dans son esprit les paroles qu'il venait d'entendre. Plus il pensait à l'avertissement du vieillard, et moins il en devinait le sens réel. Il ne croyait pas qu'il pût éviter, chez Fagin, ce qui pouvait lui arriver de mal chez Sikes ; et après y avoir long-temps réfléchi, il conclut que, sans doute, le brigand le faisait venir pour l'utiliser dans sa maison, jusqu'à ce qu'il eût trouvé quelque autre garçon plus convenable à ses vues. Il était trop bien accoutumé d'ailleurs à la souffrance, et il avait lui-même trop souffert où il était, pour regretter un changement quel qu'il fût. Il resta enseveli dans ses pensées pendant quelques instans, après quoi, poussant un profond soupir, il moucha la chandelle, et, ayant pris le livre qui était sur la table, il le parcourut.

D'abord, il le feuilleta avec assez d'indifférence; mais ses yeux s'étant arrêtés sur un passage qui excita vivement sa curiosité, il le lut avec plus d'attention. Ce livre avait pour titre : *Vie, jugement, condamnation et exécution des grands criminels*, et les pages en étaient souillées à force d'avoir été lues. Ici, c'était une foule de crimes affreux à vous faire figer le sang dans les veines : d'horribles assasinats commis secrètement sur des chemins de traverse, des cadavres qui, bien que cachés, pendant nombre d'années, dans des fosses et dans des puits profonds, avaient pourtant fini par être découverts, et avaient tellement effrayé leurs meurtriers, que ceux-ci avaient avoué leurs crimes, en réclamant à grands cris l'échafaud, pour terminer leurs tourmens.

Un peu plus loin, c'étaient des hommes qui, couchés bien tranquillement dans leur lit, avaient été tourmentés par de mauvaises pensées, au milieu de la nuit, et que leur mauvaise étoile avait conduits à commettre des meurtres dont le récit seul faisait frémir d'horreur.

Il y avait tant de vérité dans la description de ces crimes, et le tableau en était si frappant, qu'Olivier crut voir les pages crasseuses du livre se changer en sang caillé, et que les mots qu'il lisait lui semblèrent sortir, en sourds gémissemens, de la bouche même des malheureuses victimes. Dans un accès de terreur, il ferma le livre et le repoussa loin de lui; et se laissant tomber sur ses genoux, il pria Dieu de lui épargner de pareilles pensées, et de le rappeler à lui plutôt que de permettre qu'il se souillât jamais de crimes aussi affreux.

Peu à peu il devint plus calme; et, d'une voix entrecoupée par les sanglots, il demanda au ciel avec ferveur de le tirer du danger dans lequel il se trouvait, ajoutant que, si toute chance de salut n'était point perdue pour un pauvre orphelin qui n'avait jamais connu l'affection d'un parent ni d'un ami, sa demande lui fût octroyée au plus tôt, maintenant que, triste et délaissé, il se trouvait seul au milieu de la perversité et du crime.

Il avait fini sa prière, mais il était encore agenouillé, la tête appuyée sur ses deux mains, lorsqu'un bruissement le fit sortir de sa méditation.

« Qu'est-ce que cela! » s'écria-t-il en se relevant. (Et apercevant une forme humaine debout près de la porte :) « Qui est là ? » reprit-il.

« C'est moi! c'est moi! » répondit une voix tremblante.

Olivier leva la chandelle au-dessus de sa tête, pour mieux voir : c'était Nancy.

« Mets cette chandelle de côté, » dit la jeune fille en tournant la tête, « elle me fait mal aux yeux. »

Il s'aperçut qu'elle était très-pâle, et lui demanda avec bonté, si elle était malade. Pour toute réponse elle lui tourna le dos, se jeta sur une chaise et se tordit les mains.

« Dieu! Dieu! » s'écria-t-elle enfin, « je n'avais point songé à tout cela! »

« Vous est-il arrivé quelque chose? » demanda Olivier. « Puis-je vous être de quelque secours?... Parlez... tout ce qui est en mon pouvoir, je le ferai avec le plus grand plaisir. »

Elle s'agita sur sa chaise, porta ses mains à son cou, poussa un cri à moitié étouffé par le râle et ouvrit la bouche toute grande pour respirer.

« Nancy! » s'écria l'enfant effrayé. « Qu'avez-vous? dites! »

Celle-ci frappa des mains sur ses genoux et des pieds sur le parquet; puis, s'arrêtant tout-à-coup, elle rajusta son châle sur ses épaules en grelottant.

Olivier attisa le feu. La jeune fille approcha sa chaise du foyer, y resta assise quelque temps sans dire un seul mot, et levant enfin la tête, elle jeta un regard effaré autour d'elle.

« Je ne sais pas ce qui me prend quelquefois, » dit-elle, affectant de réparer le désordre de sa toilette. « C'est cette chambre sale et humide, je crois. — Maintenant, Olivier, es-tu prêt? »

« Est-ce que je vais avec vous ? » demanda l'enfant.

« Oui, je viens de la part de Guillaume, » répondit la jeune fille. « C'est pour te chercher. »

« Pourquoi faire ? » dit-il, faisant deux ou trois pas en arrière.

« Pourquoi ? » reprit l'autre, levant les yeux au plafond et les ramenant aussitôt vers la terre, à l'instant où son regard rencontra celui de l'enfant. « Oh ! pour rien de mal. »

« Je ne le pense pas, » reprit Olivier qui l'avait examinée avec attention.

« Eh bien, pense comme tu voudras, » dit-elle, avec un rire affecté. « Pour rien de bon alors. »

Olivier put bien s'apercevoir qu'il avait quelque pouvoir sur la sensibilité de la jeune fille ; et, dans sa détresse, il lui vint à l'idée de faire un appel à sa compassion; mais ayant réfléchi tout-à-coup qu'il était à peine onze heures, et qu'il devait y avoir encore dans les rues quelques personnes qui ajouteraient foi à ses paroles, il se hâta de dire qu'il était prêt, et se disposa, avec un tant soit peu d'empressement, à sortir.

Ni cette réflexion, ni le dessein qui l'accompagnait n'échappèrent à Nancy. Elle le considéra attentivement tandis qu'il parlait, et lui lança un coup d'œil qui lui fit comprendre assez clairement qu'elle avait deviné ce qui se passait en lui.

« Chut ! » fit-elle, se penchant sur son épaule et lui montrant du doigt la porte, tandis qu'elle regardait avec précaution autour d'elle. « N'y a pas moyen. J'ai fait tout ce que j'ai pu pour toi, mais inutilement. Tu es entouré de tous côtés ; et si tu es jamais pour t'échapper, ce n'est pas ici le moment. »

Frappé de la manière avec laquelle elle disait cela, Olivier la regarda avec étonnement. Elle parlait sérieusement, il n'y avait point à en douter : elle était pâle à faire peur ; les muscles de son visage étaient contractés et un tremblement convulsif agitait tout son être.

« Je t'ai sauvé bien des mauvais traitemens déjà, et je le ferai encore, » continua-t-elle en élevant la voix ; « car ceux qui seraient venus te chercher, si ce n'avait pas été moi, t'auraient mené bien plus durement. J'ai promis que tu serais tranquille; et si tu ne l'étais pas, tu te ferais du tort à toi-même aussi bien qu'à moi; et peut-être serais-tu la cause de ma mort! Tiens, regarde! J'ai déjà supporté tout cela pour toi; aussi vrai que Dieu nous voit. »

(En même temps elle montra à Olivier les meurtrissures toutes noires dont ses bras et son cou étaient couverts.)

« Rappelle-toi bien ceci, » (continua-t-elle avec une grande volubilité) « et fais en sorte, maintenant, que je n'en souffre pas d'autres à cause de toi... Si je pouvais te rendre service, je le ferais bien volontiers; mais je n'en ai pas le pouvoir... Ils n'ont pas l'intention de te faire du mal, d'ailleurs. Eh! qu'importe ce qu'ils te feront faire; tu n'en es pas responsable devant Dieu... Tais-toi! chacune de tes paroles est un coup pour moi...Donne-moi ta main! Allons, dépêche-toi; ta main! »

Elle saisit la main qu'Olivier lui tendit machinalement; et ayant soufflé la chandelle, elle entraîna l'enfant en haut de l'escalier. La porte fut ouverte promptement, par quelqu'un caché dans l'obscurité, et elle fut refermée de même, lorsqu'ils eurent franchi le seuil de la porte.

Nancy monta lestement, avec son jeune protégé, dans un cabriolet de place qui les attendait. Elle en tira soigneusement les rideaux, et le cocher, sans attendre qu'on lui donnât une direction quelconque, fouetta son cheval, qui en moins de rien partit au grand galop.

La jeune fille tenait la main d'Olivier étroitement serrée dans les siennes, et lui répétait à l'oreille les mêmes assurances et les mêmes avis qu'elle lui avait déjà donnés. Tout cela fut l'affaire de si peu de temps, qu'il avait à peine eu le loisir de se rappeler où il était et comment il y était venu, quand le cabriolet s'arrêta devant la maison vers laquelle le juif avait dirigé ses pas la veille.

Pendant une seconde tout au plus, Olivier jeta un coup d'œil rapide, le long de la rue déserte, et il allait crier au secours; mais la voix tremblante de la jeune fille était dans son oreille, le suppliant avec tant d'instance d'avoir pitié d'elle, qu'il retint le cri qui allait lui échapper. Tandis qu'il hésitait encore, il n'était déjà plus temps : il se trouvait dans la maison, et la porte s'était refermée sur lui.

« Par ici ! » dit la fille, lâchant enfin la main d'Olivier. — « Guillaume ! »

« Voilà, voilà ! » repartit Sikes, paraissant au haut de l'escalier avec une chandelle. « Voilà qui va bien ! Allons, — montez ! »

Pour un homme du caractère de Sikes, c'était un bon accueil qu'il faisait à nos deux jeunes gens. Nancy lui en sut gré, car elle le salua cordialement.

« Le chien est sorti avec Tom, » dit Sikes, avançant la chandelle pour les éclairer. « Nous n'avions pas besoin d'eux ici, pour entendre ce que nous avons à dire. »

« C'est bien, » reprit Nancy.

« De sorte, » dit l'autre en fermant la porte de la chambre, quand ils furent tous entrés, « que tu as amené le jeune *chevreau ?* »

« Comme tu vois, » répondit la fille.

« A-t-il été tranquille ? » demanda Sikes.

« Comme un agneau, » reprit Nancy.

« A la bonne heure ! » dit Sikes, regardant malignement Olivier. « Autrement sa jeune carcasse en aurait souffert. — Avance ici, toi, petit, que j' te fasse ta leçon!... Autant maintenant que plus tard. »

Disant cela, il ôta la casquette de son jeune protégé, la jeta dans un coin de la chambre, et, s'asseyant à une table, il le prit par l'épaule et le plaça en face de lui.

« Primo, d'abord, connais-tu cela? » dit-il, prenant un pistolet de poche qui était sur la table.

L'enfant répondit affirmativement.

« Bien! Regarde ici, maintenant! Voici de la poudre... Çà c'est une balle;... et voilà un morceau de vieux chapeau pour bourrer. »

Olivier fit signe qu'il comprenait l'usage de chacune de ces choses, et Sikes se mit à charger le pistolet avec une dextérité surprenante. « Maintenant, le voilà chargé, » dit ce dernier, quand il eut fini.

« Je vois bien, monsieur, » dit l'enfant tremblant de tous ses membres.

« Tu vois bien » (dit le brigand, serrant fortement le bras d'Olivier, et lui mettant le canon du pistolet si près de la tempe, que ce dernier ne put retenir un cri perçant), « si tu as le malheur de dire un seul mot, quand nous serons dehors, à moins que je ne t'adresse la parole, je t'envoie cette décharge dans la tête sans te prévenir ! — Ainsi, dans le cas où tu serais tenté de parler sans permission, tu peux dire tes prières d'avance.

Ayant accompagné cette menace d'un jurement affreux (pour en augmenter l'effet sans doute), il ajouta :

« Comme autant que je puis savoir, il n'y a personne qui s'enquêtera beaucoup de toi après ta mort, je ne sache pas qu'il soit nécessaire de me casser la tête à t'expliquer un tas de choses, comme je le fais, si ce n'était pour ton bien. — Tu comprends ? »

« Le court et le long de ce que tu veux dire » (dit Nancy avec emphase, pour réclamer l'attention d'Olivier), « est que, si dans cette affaire qui t'occupe maintenant, tu es le moins du monde retardé ou contrarié par ce garçon, tu sauras bien l'empêcher de *jaser* à l'avenir, en lui cassant la tête et exposant ainsi la tienne, comme tu le fais, chaque jour de ta vie. »

« C'est cela, » dit Sikes d'un air approbateur. « Les femmes ont le tact pour raconter les choses en peu de mots... excepté pourtant quand elles ont la tête montée.... alors elles n'en finissent plus. — Maintenant qu'il sait ce que parler veut dire, si tu nous donnais quelque chose à souper, que nous ayons le temps de faire un somme avant de partir. »

En conséquence de cette remarque, Nancy mit promptement la nappe, et s'étant absentée quelques instans, elle rentra avec un pot plein de bière et un plat de tête de mouton, lequel donna lieu à quelques réflexions plaisantes de la part de Sikes qui, stimulé sans doute par la riante perspective d'une *expédition* nouvelle, avala toute la bière d'un seul trait (histoire de rire, bien entendu), et ne jura guère plus d'une centaine de fois, tout le temps qu'ils furent à table.

Le souper fini (on comprendra facilement qu'Olivier n'avait pas grand appétit), Sikes avala deux verres de *grog* et se jeta sur son lit, ayant recommandé à Nancy de l'éveiller à cinq heures précises, dans le cas où il dormirait encore. Olivier, d'après un ordre émané du même chef, se jeta tout habillé sur un matelas étendu par terre; et la jeune fille ayant attisé le feu, s'assit devant la cheminée jusqu'à ce qu'il fût temps de les éveiller.

L'enfant resta long-temps les yeux tout grands ouverts, pensant qu'il ne serait pas impossible que celle-ci cherchât l'occasion de lui parler tout bas; mais elle resta immobile sur sa chaise, et ne se retourna parfois que pour moucher la chandelle. A la fin, épuisé de fatigue, il s'endormit profondément.

Lorsqu'il s'éveilla, la théïère et les tasses étaient sur la table, et Sikes était occupé à fourrer divers objets dans les poches de sa redingote accrochée au dos d'une chaise, tandis que Nancy préparait le déjeuner. Il ne faisait pas jour, car la chandelle brûlait encore. Une pluie perçante battait contre les vitres, et le ciel était couvert de nuages noirs et épais.

« Allons donc! » gronda Sikes tandis qu'Olivier se levait. « Voilà qu'il est cinq heures et demie! Dépêche-toi, si tu veux déjeuner. Nous sommes en retard, sans qu'ça paraisse! »

Olivier ne fut pas long-temps à faire sa toilette; et ayant déjeuné quelque peu, il dit qu'il était prêt. Nancy, sans le regarder à peine, lui mit un mouchoir autour du cou, et Sikes lui donna un vieux collet pour lui tenir chaud aux épaules. Ainsi accoutré, il donna la main au brigand, qui, s'étant arrêté pour lui montrer d'un air menaçant qu'il avait le pistolet dans la poche de côté de sa redingote, l'attira vers lui et sortit, après avoir échangé avec Nancy un signe d'adieu.

L'enfant se retourna quand ils furent sur le seuil de la porte, dans l'espoir de rencontrer le regard de la jeune fille; mais elle avait repris sa place auprès du feu, où elle était assise dans un état d'immobilité complète.

CHAPITRE XXI.

L'EXPÉDITION.

C'était par une sombre et froide matinée qu'ils sortirent. Le vent soufflait avec force; la pluie tombait par torrens, et le temps était à l'orage. Il avait dû pleuvoir toute la nuit, car il y avait de grandes flaques d'eau au milieu du chemin, et les ruisseaux débordaient. Le jour qui commençait à poindre augmentait plutôt qu'il n'adoucissait la tristesse de la scène, sa sombre lueur ne servant qu'à faire paraître plus pâle celle des réverbères, sans pour cela donner une teinte plus claire ou plus vive aux rues désertes, ou aux toits humides des maisons. Il n'y avait personne de levé dans le quartier, car toutes les fenêtres en étaient fermées, et les rues par lesquelles ils passèrent en étaient tristes et silencieuses.

Le temps qu'ils mirent à gagner Bethnal-

Green, le jour avait commencé à paraître. La plupart des réverbères étaient déjà éteints; quelques chariots s'avançaient lentement vers la ville, et de temps à autre une diligence couverte de boue roulait rapidement, le conducteur donnant un coup de fouet, en passant, au tardif roulier qui, en lui barrant le passage, l'exposait à arriver au bureau deux secondes plus tard. Les cabarets, éclairés intérieurement par le gaz, étaient déjà ouverts. Peu à peu les boutiquiers étalèrent, et quelques personnes commencèrent à circuler dans les rues. Ici, c'étaient des groupes d'ouvriers allant à leurs travaux, des hommes et des femmes avec des paniers de poisson sur leurs têtes. Là, de petites charrettes de légumes traînées par des ânes, des carioles pleines de viande, des laitières avec leurs seaux. Plus loin, une suite continuelle de gens à pied, chargés de diverses provisions pour les faubourgs à l'est de la capitale.

A mesure qu'ils approchaient de la Cité, le bruit et le tracas augmentèrent; et quand ils traversèrent les rues situées entre *Shoreditch* et *Smithfield*, c'était un tumulte à ne plus s'y reconnaître; il faisait grand jour alors, et la moitié de Londres était sur pied.

Tournant le coin de *Sun-street* et de *Crown-street*, et traversant *Finsbury-square*, Sikes prit par *Chiswell-street*, pour entrer dans *Barbican*, et de là dans *Long-lane*, puis dans *Smithfield*, d'où s'élevait un brouhaha qui remplit Olivier d'étonnement.

C'était jour de marché; la place était couverte de boue, de près de deux pouces d'épaisseur; et la fumée épaisse qui s'élevait du corps des bestiaux, se mêlant avec le brouillard qui semblait s'arrêter sur le toit des maisons, restait lourdement suspendue en l'air. Tous les parcs, au milieu de l'enceinte, ainsi que ceux qu'on y avait ajoutés provisoirement, étaient remplis de moutons; et de longues files de bêtes de somme étaient attachées trois ou quatre ensemble, à des poteaux le long du ruisseau.

Paysans, bouchers, bouviers, colporteurs, enfans, voleurs, fainéans et vagabonds de tout âge et de tout sexe, étaient confondus dans la presse. Le sifflement des bouviers, l'aboiement des chiens, le beuglement et le pas précipité des bœufs, le bêlement des moutons, le grognement des pourceaux, les cris des colporteurs, les acclamations, les juremens et les disputes, de tous côtés, le son des cloches et les éclats de rire qui partaient des cabarets, les allées et les venues, les rassemblemens et les batteries, les huées et les hurlemens, le tapage épouvantable et discordant qui s'élevait des quatre coins du marché, et les individus aux mains crasseuses, au teint livide, à l'œil louche et à la barbe longue, courant çà et là, se coudoyant et se poussant, offraient une scène capable de vous faire perdre la raison.

Sikes traînant Olivier après lui, se frayait un chemin à travers la foule, faisant fort peu d'attention à tout ce qui étonnait si fort celui-ci. Il se contenta de faire une signe de tête en passant, à maint et maint ami, refusant de boire la goutte, chaque fois que l'offre lui en fut faite ; et il avança rapidement jusqu'à ce qu'ils fussent hors du tumulte et qu'ils eussent gagné *Holborn*, par *Hosier-Lane*.

« Maintenant, mon jeune homme, » dit-il d'un air bourru , en regardant le cadran de l'église Saint-André. « Voilà qu'il est près de sept heures ! Faut trotter un peu plus vite que ça ! Ne vas pas commencer par rester en arrière, toi, méchant clampin ! »

Disant cela, il secoua le bras de l'enfant, qui, doublant le pas , régla sa marche autant qu'il put sur les longues enjambées du brigand.

Ils allèrent de ce train jusqu'à ce qu'ils eurent passé *Hyde-Park* sur la route de *Kensington*. Alors Sikes ralentissant le pas, pour donner le temps à une charrette vide qui venait derrière eux de les ratrapper, et ayant vu sur la plaque : *Hounslow* , demanda au charretier, avec autant de politesse qu'il en était susceptible , s'il voulait leur permettre de monter jusqu'à *Isleworth*.

« Montez ! » dit l'homme. « Est-ce là votre petit ? »

« Oui, c'est mon garçon, » répondit Sikes, jetant un coup d'œil menaçant à l'enfant, et mettant la main , par distraction , dans la poche où était le pistolet.

« Ton père marche un peu trop vite pour toi, n'est-ce pas, mon petit ? » dit le charretier, s'apercevant qu'Olivier était tout hors d'haleine.

« Pas le moins du monde, » répartit Sikes. « Il y est accoutumé. Voyons, donne-moi la main, Édouard !... Monte vite! »

En parlant ainsi, il aida l'enfant à monter ; et le charretier lui ayant montré une pile de sacs, lui dit de se coucher dessus pour se reposer.

Chaque fois qu'ils passaient devant une borne milliaire, Olivier s'étonnait de plus en plus où son compagnon pouvait le mener. *Kensington*, *Hammersmith*, *Chiswick*, *Kewbridge*, *Brentford*, étaient déjà bien loin derrière eux, et ils allaient toujours, comme s'ils n'eussent fait que se mettre en route.

Ils arrivèrent enfin à une auberge ayant pour enseigne : *la diligence et les chevaux*, au-delà de laquelle une autre route prenait son embranchement; alors la charrette s'arrêta. Sikes en descendit précipitamment, tenant la main d'Olivier pendant tout le temps ; et l'ayant fait descendre lui même, il lui lança un regard furieux, en portant la main à sa poche de côté, d'une manière très-expressive.

« Au revoir, mon garçon! » dit l'homme.

« Il est de mauvaise humeur, » reprit Sikes, rudoyant l'enfant, « Il est de mauvause humeur, ce petit maussade! N'y faites pas attention, allez! »

« Oh! certainement non! » dit l'autre, montant dans sa voiture. « Voilà le temps qui se remet, » ajouta-t-il en s'éloignant.

Sikes attendit qu'il fût loin; alors, ayant dit à Olivier qu'il pouvait regarder autour de lui s'il voulait, ils continuèrent leur route.

Ils tournèrent à gauche, à quelque distance de l'auberge, puis prenant un chemin à droite, ils marchèrent long-temps, passant devant un grand nombre de jardins et de maisons bourgeoises, des deux côtés de la route, et ne s'arrêtant de temps en temps que pour boire un verre de bière, jusqu'à ce qu'enfin ils furent arrivés à une petite ville sur une des maisons de laquelle Olivier vit écrit, en assez grosses lettres: *Hampton*. Ils rôdèrent quelques heures dans les champs, avant d'y entrer, et finirent pourtant par la traverser. Lorsqu'ils eurent passé l'auberge du *Lion rouge*, ils suivirent le bord de la rivière, pendant quelque temps, et entrèrent dans un cabaret de chétive apparence, dont l'enseigne était effacée, et où ils se firent servir à dîner, auprès du feu, dans la cuisine (espèce de salle basse dont le plafond était soutenu par une grosse poutre vermoulue).

Il y avait devant le foyer quelques bancs à dossier, sur lesquels étaient assis des hommes en blouse, occupés à boire et à fumer. Ils firent peu d'attention à Sikes et encore moins à Olivier; et comme celui-là ne fit guère plus d'attention à eux, il s'assit avec son jeune camarade, dans un coin à part, sans être trop importuné par la compagnie.

On leur servit un plat de viande froide ; et ils restèrent si long-temps, après avoir fini de manger, qu'Olivier, voyant que Sikes allait fumer sa quatrième pipe, commença à croire qu'ils n'iraient probablement pas plus loin. Fatigué d'avoir marché et de s'être levé si matin, il roupilla d'abord, puis accablé de fatigue, et étourdi par la fumée du tabac, il s'endormit profondément.

Il faisait tout-à-fait nuit quand il fut

éveillé par un coup de coude de Sikes. Se frottant les yeux et regardant autour de lui, il vit ce digne personnage en conférence intime avec un paysan en société duquel il buvait une pinte de bière.

« De sorte que vous allez au bas *Halliford ?* » demanda Sikes.

« Oui, » répondit l'homme... « Sans compter que je n' s'rai pas vingt ans en route. Mon cheval n'a pas la charge qu'il avait à ce matin, et il aura bientôt arpenté la distance... Et qu'y n'en s'ra pas fâché !... Ah dame ! c'est qu' c'est un' bonne bête! »

« Pouvez-vous nous prendre dans votre charrette, mon p'tit et moi? » demanda Sikes, passant le pot de bière à sa nouvelle connaissance.

« Oui, si vous partez de suite, » reprit l'autre, ôtant de ses lèvres la pinte qu'il posa sur la table. « Est-ce que vous allez à *Halliford ?* »

« Je vais jusquà *Shepperton,* » dit Sikes.

« Je suis votre homme, jusqu'aussi loin que je vais moi-même, » répartit le paysan. « Tout est payé, Rebecca? »

« Oui, » répondit la fille, « c'est monsieur qui a payé. »

« Dites donc ! » poursuivit-il, avec une gravité ridicule, « ça n'peut pas aller comme ça, savez-vous ? »

« Pourquoi pas ? » reprit Sikes. « Vous nous faites une honnêteté, je ne vois pas ce qui m'empêcherait de vous régaler d'une ou deux pintes de bière. »

L'homme parut réfléchir profondément ; après quoi, prenant ce dernier par la main, il lui déclara qu'il était un *bon enfant* ; ce à quoi Sikes lui dit qu'il plaisantait, sans doute (ce que chacun aurait été tenté de croire, pour peu que l'homme eût été de sang-froid).

Après quelques paroles civiles de part et d'autre, ils prirent congé de la compagnie ; et la servante ayant ramassé les pots et les verres qui étaient aurait la table, s'en vint, le mains pleines, sur le seuil de la porte pour les voir partir.

Le cheval, à la santé duquel on avait bu, il n'y avait qu'un instant, attendait patiemment à la porte. Olivier et Sikes, sans plus de cérémonie, montèrent dans la charrette à la quelle il était attelé ; et l'homme, après avoir arrangé les guides et défié tous les assistans de trouver une pareille bête dans le monde entier, monta à son tour.

Alors le garçon de l'auberge ayant conduit le cheval au milieu de la route et ayant lâché la bride, celui-ci commença à faire un mauvais usage de la liberté qu'on lui donnait, en courant à travers la rue et en dansant sur ses pieds de derrière. A la fin cependant il partit au galop.

La nuit était très-sombre ; un brouillard humide s'élevait de la rivière et des marais d'alentour ; il faisait un froid glacial avec cela, et tout était morne et silencieux. Personne ne dit mot ; car le maître de la voiture s'était assoupi, et Sikes n'était nullement disposé à le faire parler. Quant à Olivier, accroupi dans un coin de la charrette, son imagination travaillée par la peur, lui faisait voir d'étranges objets dans les arbres élevés, dont les branches s'agitaient en tous sens d'une manière fantasque, comme pour se réjouir de la désolation de la scène.

Comme ils passaient devant l'église de *Sunbury*, sept heures sonnèrent. En face, dans la maison du bac, il y avait une lumière qui, traversant la route, faisait ressortir davantage les ombres tristes d'un if et des tombes au-dessous. Le bruit sourd d'une cascade, non loin de là, se mêlant à celui des feuilles du vieil arbre, agitées légèrement par le vent de la nuit, semblait une douce musique pour le repos des morts.

Ayant laissé *Sunbury* derrière eux, ils firent encore deux ou trois milles, et la charrette s'arrêta. Sikes et son jeune compagnon en descendirent, et ils continuèrent leur route à pied.

Ils n'entrèrent nulle part à *Shepperton*, comme le pauvre enfant s'y attendait; mais ils marchèrent toujours dans la boue et dans l'ombre, le long des ruelles étroites et des sentiers déserts, jusqu'à ce qu'ils aperçurent les lumières d'un bourg voisin.

En regardant attentivement devant lui, Olivier vit que la rivière était à quelques pas au-dessous d'eux, et qu'ils se dirigeaient vers un pont. Sikes alla toujours tout droit, jusqu'à l'entrée de ce pont, et alors, se détournant tout-à-coup vers la gauche, il suivit le rivage.

« La rivière ! » (pensa Olivier, malade de frayeur). « Il m'a sans doute amené dans cet endroit écarté pour m'assassiner ! »

Il allait se rouler par terre et faire un dernier effort pour défendre ses jours, lorsqu'il s'aperçut qu'ils étaient devant une maison en ruines. Il y avait une fenêtre de chaque côté de la porte ; elle n'avait qu'un seul étage, et, selon toute apparence, elle était inhabitée, car on n'y voyait point de lumière.

Sikes, tenant toujours Olivier par la main s'avança doucement vers la masure et porta la main au loquet qui céda à la pression. La porte s'ouvrit, et ils entrèrent tous deux.

CHAPITRE VIII.

LE VOL DE NUIT AVEC EFFRACTION.

« Qui va là ? » s'écria une voix rauque, aussitôt qu'ils eurent mis le pied dans le couloir.

« Ne fais pas tant de bruit ! » dit Sikes, fermant la porte aux verroux. « Éclaire-moi, Toby ! »

« Ah ! c'est toi, vieux ? » reprit la même voix. « Barney, allume donc la chandelle ! Entends-tu, Barney ? Introduis donc monsieur, et éveille-toi auparavant, s'il y a moyen ! »

L'individu qui parlait ainsi jeta sans doute un tire-bottes à la tête de celui à qui il s'adressait ; car on entendit le bruit de quelque chose en bois qui tomba lourdement sur le plancher, lequel bruit fut suivi d'un grognement comme celui d'un homme à moitié endormi.

« M'entends-tu ? » cria la même voix.

« Guillaume Sikes est là, dans le passage, et il n'y a personne pour le recevoir, tandis que tu es là à dormir comme si tu avais pris du *laudanum* à ton repas, et rien de plus fort. Te trouves-tu mieux maintenant, ou faut-il que je te lance le chandelier de fer aux oreilles, pour t'éveiller entièrement ? »

A peine ces mots furent-ils prononcés, qu'un frottement de savates sur le parquet se fit entendre, et qu'on aperçut d'abord une faible lueur provenant d'une porte à droite, puis le même individu qui nous a été décrit auparavant, comme parlant du nez et remplissant l'emploi de garçon, au cabaret de *Saffron-Hill*.

« Bosieur Sikes, » s'écria Barney, avec une joie feinte ou réelle. « Dodez-vous la peide d'endrer. »

« Allons, passe le premier ! » dit Sikes, poussant Olivier devant lui. « Plus vite que ça, ou j' vas t' marcher sur les talons ! »

Ayant murmuré une imprécation contre la lenteur de l'enfant, il le poussa rudement, et ils entrèrent dans une petite salle obscure et pleine de fumée, dont l'ameublement consistait en deux ou trois chaises cassées, une mauvaise table et un vieux sofa sur lequel, les pieds beaucoup plus haut que la tête, un homme, ayant une pipe de terre à la bouche, était étendu de son long. Il avait un habit couleur de tabac à priser, taillé dans le dernier genre, avec de larges boutons de cuivre, un gilet à fleurs d'une couleur vive, un pantalon de drap brun et une cravate jaune-orange.

Le sieur Crackit (car c'était lui) n'avait pas une grande quantité de cheveux ; mais ce qu'il avait était d'une teinte rousse et frisé en longs tire-bouchons dans lesquels il passait de temps en temps ses doigts malpropres ornés de grosses bagues communes. Il était au-dessus de la taille moyenne et avait les jambes un peu faibles ; mais cette circonstance ne diminuait en rien son admiration pour ses bottes qu'il contemplait avec une vive satisfaction.

« Eh bien, mon vieux! » dit-il, tournant la tête vers la porte, « je suis content de te voir... Je commençais à craindre que tu n'eusses renoncé à l'entreprise, et alors je me serais aventuré tout seul. — Eh bien! » s'écria-t-il avec surprise, en se remettant sur son séant, à la vue d'Olivier : « Qu'est-ce que c'est que ça ? »

« C'est le petit, » répliqua Sikes, approchant sa chaise du feu.

« Un des b'dits abbrendis de bosieur Fagin, » s'écria Barney en ricannant.

« De Fagin, eh ? » repartit Toby, regardant Olivier. « Quel crâne jeune homme ça fera pour les poches des vieilles dames, dans les églises ! Il a une *balle* (1) à faire fortune. »

« En v' là assez, en v' là assez ! » reprit Sikes avec impatience. Et se penchant à l'oreille de son ami, il lui dit tout bas quelques mots qui excitèrent l'hilarité de celui-ci, et lui firent regarder Olivier avec une attention mêlée de curiosité.

« Maintenant, » dit Sikes en se rasseyant, « si vous aviez quelque chose à nous donner à manger et à boire, en attendant, ça nous donnerait un peu d' courage, —à moi du moins. — Assis-toi là près du feu, petit, et r'pose-toi... car tu as encore à sortir avec nous cette nuit... quoique ce n' soit pas bien loin ! »

Olivier jeta sur Sikes un regard craintif ;

(1) Tête. (*Note du traducteur.*)

et approchant un tabouret du feu, il s'assit, sa tête brûlante soutenue dans ses deux mains, sachant à peine où il était, et ce qui se passait autour de lui.

« Allons! » dit Toby, tandis que le jeune juif mettait quelques restes de viande et une bouteille sur la table. — « Au succès de l'entreprise! »

Il se leva pour faire honneur au toast; et ayant posé avec soin sa pipe sur la cheminée, il s'approcha de la table et se versa un plein verre de liqueur qu'il avala d'un seul trait : Sikes en fit autant.

« Un coup pour le petit! » dit Toby, emplissant un verre à moitié. — « Avale-moi çà, innocent! »

« En vérité, » dit Olivier, regardant celui-ci d'un air piteux, « en vérité je..... »

« Bois-moi çà, j' te dis! » répéta Toby. — « Crois-tu que je n'sache pas ce qui est bon pour toi? — Dis-lui de le boire, Sikes! »

« Il fera aussi bien, » reprit Sikes. Portant la main à sa poche de côté... « Que l' tonnerre me confonde s'il n'est pas à lui seul plus difficile à mener que toute une famille de *Matois*. — Allons, bois ça, toi, p' tit lutin; et dépêche-toi! »

Effrayé par les gestes menaçans des deux brigands, Olivier avala bien vite la liqueur, et fut pris aussitôt d'une toux violente qui lui dura près d'un quart-d'heure; ce qui réjouit beaucoup Toby Crackit et Barney, et excita même un sourire sur les lèvres du brutal Sikes.

Ceci fait, et ce dernier ayant satisfait son appétit (Olivier ne put rien manger qu'une petite croûte de pain qu'on le força d'avaler), les deux amis s'étendirent chacun sur deux chaises, pour faire un petit somme. Olivier resta sur son tabouret, au coin du feu, et Barney, enveloppé dans une couverture, se coucha par terre, tout près du foyer.

Ils dormirent ou parurent dormir quelque temps, car personne ne bougea, excepté Barney, qui se leva deux ou trois fois pour attiser le feu. Olivier était assoupi profondément, s'imaginant être encore dans des ruelles, ou rôdant autour du sombre cimetière, ou bien encore se retraçant l'une des scènes du jour précédent, lorsqu'il fut éveillé en sursaut par Toby, Crackit qui se leva précipitamment, en s'écriant qu'il était une heure et demie.

En un instant les deux autres furent debout, et chacun s'occupa des préparatifs du départ. Sikes et son compagnon mirent chacun un grand mouchoir autour de leur cou et endossèrent leurs redingotes, tandis que Barney ouvrant une armoire, en tira plusieurs objets dont il emplit leurs poches à la hâte.

« Des *bavards* pour moi, Barney ! » dit Toby Crackit.

« Les voici! » dit Barney, montrant une paire de pistolets. « Vous les avez chargés vous-même. »

« C'est bon ! » poursuivit l'autre en les posant sur la table. « Les *persuadeurs ?* »

« Je les ai, » reprit Sikes.

« Rossignols, ciseaux à froid, lanternes sourdes, masques, rien n'est oublié? » demanda Toby, attachant, au moyen d'un crampon, une petite pince de fer en dedans des basques de son habit.

« Nous avons tout ce qu'il nous faut, » répliqua son compagnon. « Prends ces petites badines qui sont là, Barney !... Nous voilà maintenant à notre affaire. » . . . . . .

Disant cela, il prit un énorme gourdin des mains de ce dernier, qui ayant donné l'autre à Toby, se mit à boutonner le collet d'Olivier.

« Maintenant, » dit Sikes, « donne-moi la main ! »

Olivier, étourdi tout à la fois par une marche inaccoutumée, par le grand air et par la liqueur qu'on l'avait forcé de boire, donna machinalement sa main à Sikes.

« Prends-lui l'autre main, Toby ! » dit Sikes, « Toi, Barney, aie un peu l'œil au guet ! »

Ce dernier alla entr'ouvrir la porte et revint dire que tout était tranquille au dehors : Les deux brigands sortirent avec Olivier au milieu d'eux ; et Barney ayant refermé la porte aux verroux, s'enveloppa comme auparavant et se rendormit bientôt.

Il faisait très-sombre ; le brouillard était beaucoup plus épais qu'il ne l'avait été au commencement de la nuit, et l'atmosphère était si humide que, bien qu'il ne tombât pas de pluie, les cheveux et les sourcils d'Olivier furent trempés en moins de rien. Ils passèrent le pont et parurent se diriger vers les lumières qu'il avait aperçues auparavant. Ils n'en étaient pas bien loin ; et comme ils marchaient assez vite, ils arrivèrent bientôt à Chertsey.

« Traversons le pays ! » dit tout bas Sikes. « N'y a personne dans les rues à cette heure-ci. »

Toby y consentit, et ils enfilèrent la grande rue qui, à cette heure avancée de la nuit, était tout-à-fait déserte. Une faible lumière se montrait bien, par ci par là, à quelques fenêtres, et l'aboiement des chiens rompait parfois le profond silence de la nuit ; mais il n'y avait personne dehors, et ils avaient passé les dernières maisons quand deux heures sonnèrent à l'horloge de l'église. Alors, doublant le pas, ils prirent un chemin à droite et, après cinq minutes de marche environ, ils s'arrêtèrent devant une maison isolée, entourée d'un mur au haut duquel, sans se donner le temps de reprendre haleine, Toby Crackit grimpa en un clin d'œil.

« L'enfant ensuite ! » dit celui-ci. « Hisse-le-moi, je le recevrai ! »

Avant qu'Olivier eût eu le loisir de se reconnaître, Sikes l'avait pris sous les bras, et au même instant Toby et lui étaient sur la pelouse de l'autre côté. Sikes ne tarda pas à les suivre, et ils s'acheminèrent vers la maison.

Et maintenant, pour la première fois, Olivier, presque fou de chagrin et de frayeur, devina que le vol et l'effraction (si non le meurtre) étaient le but de l'expédition. Il joignit les mains involontairement et jeta un cri d'horreur ; ses yeux se couvrirent d'un nuage, une sueur froide parcourut tout son être, les jambes lui manquèrent et il tomba sur ses genoux.

« Lève-toi ! » gronda Sikes, tremblant de colère et tirant le pistolet de sa poche. « Lève-toi, ou j' te fais sauter la cervelle ! »

« Oh ! pour l'amour de Dieu, laissez-moi aller ! » s'écria Olivier. « Laissez-moi me sauver et mourir dans les champs ! — Je n'approcherai jamais de Londres ; jamais, jamais ! — Oh ! je vous en prie, ayez pitié de moi, et ne me forcez pas à voler ! — Pour l'amour de tous les saints qui sont au ciel, ayez pitié de moi! »

L'homme à qui cet appel fut fait, murmura un affreux jurement, et il avait armé son pistolet, quand Toby, le lui arrachant, mit sa main sur la bouche de l'enfant et l'entraîna vers la maison.

« Tais-toi! » dit celui-ci, ça n' servirait de rien ici! — Dis encore un seul mot, et j' te ferai ton affaire moi-même avec un bon coup de ce gourdin sur la tête! — Ça n' fait pas d' bruit et ça a l'avantage d'être aussi sûr et bien plus gentil.—Allons, Guillaume, enfonce le volet... Il en a assez de ça, j'en réponds. — J'en ai vu de plus hardis que lui, de son âge, faire la même chose, pendant une minute ou deux, par un froid comme celui-ci. »

Sikes, maudissant Fagin d'avoir envoyé Olivier en une telle rencontre, fit usage du levier, avec toute la force dont il était susceptible, sans pourtant faire trop de bruit : quelques secondes et un peu d'aide de la part de Toby, suffirent pour que le volet tournât sur ses gonds.

C'était une petite fenêtre à cinq ou six pieds

au-dessus du sol, éclairant une espèce de cellier situé sur le derrière de la maison, et faisant face au passage d'entrée. L'ouverture en était si petite, que les commensaux de la maison n'avaient pas jugé nécessaire de la défendre plus sûrement; et pourtant le corps d'un enfant y pouvait bien passer. Un peu d'adresse et de pratique dans la *profession* du sieur Sikes, mirent ce dernier à même de forcer le volet, qui fut ouvert en moins de rien.

« Maintenant, écoute bien ce que je m'en vais te dire, » murmura Sikes, tirant de sa poche une lanterne sourde, et en dirigeant la lumière sur le visage d'Olivier. « Je m'en vais te passer de l'autre côté... — Prends cette lanterne, monte les marches qui sont là devant toi... tu traverseras le vestibule et tu nous ouvriras la porte de la rue. »

« Il y a les verroux du haut que tu ne pourras pas atteindre, » répliqua Toby, tu « monteras sur une des chaises du vestibule. — Il y en a trois, Guillaume, avec les armes de la vieille, au dos de chacune (une superbe licorne bleue avec une fourche d'or). »

« Tais ta langue, veux-tu! » répartit Sikes d'un ton menaçant. — « La porte de l'appartement est ouverte, n'est-ce pas? »

« Toute grande, » reprit Toby, après avoir regardé par la fenêtre pour s'en assurer. « Le plus beau de tout cela, c'est qu'on la laisse toujours entr'ouverte, au moyen d'un crochet, pour que le chien qui a son chenil ici quelque part, puisse aller et venir quand il ne dort pas. — Ah! ah! Barney vous l'a si joliment enjolé cette nuit! »

Quoique M. Crackit eût fait cette remarque à voix basse, Sikes lui ordonna impérieusement de se taire et de se mettre à la besogne. Celui-ci commença par poser la lanterne à terre, s'appuya la tête contre le mur, au-dessous de la fenêtre, mit ses mains sur ses genoux, et Sikes, montant aussitôt sur ses épaules, passa Olivier les pieds en premier par la fenêtre, et le posa doucement à terre, sans cependant lâcher le collet de sa veste.

« Prends cette lanterne! » dit Sikes, mettant la tête à la fenêtre. « Tu vois cet escalier devant toi? »

Olivier, plus mort que vif, fit signe que

oui ; et Sikes lui indiquant la porte de la rue, avec le canon du pistolet, l'avertit froidement qu'il serait tout le temps à portée du coup ; et que s'il avait le malheur de broncher il était mort.

« C'est l'affaire d'une seconde, » poursuivit le brigand à voix basse. « Aussitôt que je t'aurai lâché, fais ton devoir. — Écoutez ! »

« Qu'est-ce que c'est ? » demanda Toby.

Ils prêtèrent l'oreille avec la plus grande attention.

« Ce n'est rien, » dit Sikes lâchant Olivier. — « Allons, va ! »

Pendant le court espace de temps qu'il avait eu pour se reconnaître, l'enfant avait pris la ferme résolution (dût-il lui en coûter la vie), de courir en haut de l'escalier, pour éveiller les gens de la maison et donner l'alarme. — Plein de cette idée, il avança aussitôt, mais avec précaution.

« Viens ici ! » s'écria tout-à-coup Sikes, « vite ! vite ! »

Effrayé par cette exclamation soudaine de Sikes, au milieu du silence profond de la nuit, et par un cri perçant parti de l'intérieur, Olivier laissa tomber sa lanterne et ne sut s'il devait avancer ou reculer.

Le cri fut répété. Une lumière brilla sur le palier du vestibule. — L'apparition sur l'escalier, de deux hommes à moitié habillés et pâles de frayeur, flotta devant ses yeux. Un éclair, une explosion, une fumée épaisse, un craquement quelque part, dont il ne put se rendre compte..., et il chancela en arrière.

Sikes, qui avait disparu un instant, remit la tête à la fenêtre et reprit Olivier par le collet, avant que la fumée ne se fût dissipée. Il tira un coup de pistolet aux deux hommes qui commençaient déjà à battre en retraite, et enleva l'enfant.

« Tiens-moi donc mieux que ça! » dit-il, en le tirant par la fenêtre... « Donne-moi un mouchoir, Toby! —Ils l'ont atteint! — Vite donc! Damnation! Comme cet enfant saigne! »

Le carillon d'une sonnette se mêla au bruit des armes à feu et aux cris des gens de la maison, et Olivier se sentit emporté rapidement à travers la plaine. Alors les voix se perdirent dans le lointain ; un froid mortel s'empara de ses sens, et il s'évanouit.

CHAPITRE IX.

ENTRETIEN AGRÉABLE ENTRE M. BUMBLE ET UNE DAME, PROUVANT QU'UN BEDEAU (QUOI QU'ON VEUILLE BIEN DIRE) EST PARFOIS SUSCEPTIBLE DE QUELQUE SENTIMENT.

Il faisait un froid piquant; une couche épaisse de neige couvrait la terre et résistait au vent qui soufflait avec force et qui, comme pour se dédommager de l'obstacle qu'il rencontrait, balayait les monceaux qui s'étaient formés le long des murs et dans les coins, et les éparpillant dans l'air, les laissait retomber en des milliers de papillotes. La nuit était sombre : c'était, pour ceux-là qui ont tout en abondance, une nuit à s'assembler autour d'un bon feu, et à remercier Dieu de se trouver au logis; mais pour le malheureux sans asile, c'était un temps à tomber d'inanition et à mourir.

Tel était l'aspect des affaires du dehors, quand madame Corney, (la matrone du dépôt de mendicité que nous avons fait connaître au lecteur comme le lieu de naissance d'Olivier), assise auprès du feu, dans sa *petite* chambre, jeta les yeux avec un certain air de contentement sur une *petite* table ronde supportant un *petit* plateau garni de tous les *petits* objets nécessaires à la plus agréable collation que puisse faire une matrone : En effet, madame Corney allait se régaler d'une tasse de thé ; et comme, du coin de son feu (où la plus *petite* des bouilloires possibles, chantait d'une *petite* voix flûtée, une toute *petite* chanson), la bonne dame regardait sur la table, sa satisfaction intérieure s'accrut visiblement, car elle sourit.

« Certes! » dit-elle, appuyant son coude sur la table, et regardant le foyer d'un air pensif, « nous avons tous, tant que nous sommes, grandement sujet de remercier la Providence ! — Ah ! sans doute! si nous voulions seulement nous donner la peine d'y penser !

Madame Corney secoua tristement la tête, comme pour déplorer l'aveuglement d'esprit de ces *pauvres* qui ne *veulent pas se donner la peine de penser à cela ;* et introduisant une cuiller d'argent (à elle en propre) dans une *petite* boîte de fer-blanc, elle se mit en devoir de préparer le thé.

. Qu'il faut souvent peu de chose pour troubler la sérénité de notre âme ! La théière étant, comme nous le savons, très-petite, fut bientôt remplie et renversa quelques gouttes d'eau bouillante sur la main de madame Corney, tandis que celle-ci faisait ses réflexions morales.

« Diable de théière ! » dit la matrone, remettant bien vite la bouilloire sur le feu. « Sotte machine qui ne contient seulement que deux tasses ! De quel usage cela peut-il être ? — Excepté, » dit elle en se reprenant, « pour une pauvre créature seule dans le monde, comme moi. — Hélas ! »

Disant ces mots, madame Corney se pencha sur le dos de sa chaise, et appuyant son coude sur la table, elle réfléchit à sa triste destinée. La théière, si petite, et l'unique tasse, qui garnissaient la table, avaient éveillé dans son esprit de pénibles souvenirs au sujet de feu M. Corney, qu'elle avait perdu (pauvre cher homme !) il n'y avait guère plus de vingt-cinq ans, et elle en fut accablée.

« Je n'en aurai jamais d'autre, » dit-elle avec humeur; « je n'en aurai jamais........ de semblable. »

Que cette remarque eût rapport au défunt ou à la théïère, c'est ce qu'on ignore. Celle-ci eût bien pu en être l'objet cependant, car madame Corney y jeta un regard langoureux en y portant la main.

Elle venait de prendre sa première tasse, lorsqu'elle fut interrompue par quelqu'un qui frappa doucement à la porte de sa chambre.

« Entrez ! » dit-elle sèchement. « Quelque vieille femme qui se meurt, sans doute ? — Elles choisissent toujours le moment où je suis à table, pour mourir, — et jamais d'autre. — Entrez ! voulez-vous ? et ne restez pas là une heure, la porte ouverte, pour me faire geler de froid ! — Voyons, qu'est-ce qu'il y a, maintenant ? »

« Rien, madame, rien du tout, » répliqua une voix d'homme.

« Dieux ! » s'écria la matrone, d'un ton plus doux, « est-ce vous, monsieur Bumble ? »

« A votre service, madame, » reprit le bedeau, qui s'étant arrêté à la porte pour essuyer ses pieds et secouer la neige de dessus sa redingote, entra, son chapeau d'une main et un petit paquet de l'autre. « Fermerai-je la porte, madame? »

Celle-ci hésita à répondre, dans la crainte qu'il n'y eût de l'inconvenance à rester en tête à tête avec un homme. Alors, profitant de l'incertitude de la dame, et ayant d'ailleurs très-froid, ce dernier ferma la porte sans plus de façon.

« Il fait bien froid, monsieur Bumble! » dit la matrone.

« C'est vrai, madame, » répliqua le bedeau. « C'est ce que j'appelle un temps *anti-paroissial.* — Nous avons distribué, aujourd'hui, madame Corney, nous avons distribué, cette bienheureuse journée, environ vingt pains de quatre livres et un fromage et demi... et cependant ces *gueux* de pauvres ne sont pas encore contens ! »

« Oh ! sans doute, » répartit la dame, humant son thé. « Qu'est-ce donc qu'il faudrait pour les contenter? »

« Je ne sais vraiment pas ce qu'il faudrait;

ma parole ! » reprit M. Bumble. « Voilà, par exemple, un homme à qui, en considération de sa nombreuse famille, on accorde un pain de quatre livres et une livre de fromage, bon poids; est-il satisfait pour cela, madame? — Vous en a-t-il la moindre reconnaissance? — Pas le moins du monde; pas pour un rouge liard! — Que fait-il, madame? — Il demande un peu de charbon, ne serait-ce que plein son mouchoir, dit-il! — Du charbon ! et pourquoi faire du charbon ?... Pour faire rôtir son fromage, et revenir ensuite à la charge, pour en avoir d'autre. — C'est ainsi qu'ils sont tous, madame. — Donnez-leur aujourd'hui plein un tablier de charbon, et ils reviendront demain, hardis comme pages, vous en redemander autant. »

La matrone exprima, par un signe de tête, qu'elle partageait l'indignation du bedeau, qui ajouta :

« On ne voudrait jamais croire jusqu'à quel point ils poussent l'insolence et la *perversité*. — Avant-hier (vous avez été mariée, madame, ainsi je puis bien citer le fait), un homme ayant à peine une chemise à son dos (ici madame Corney baisse les yeux), se présente à la porte de notre inspecteur, qui avait justement ce jour-là du monde à dîner. Comme il ne voulait pas s'en aller qu'on ne lui eût donné quelque chose, et que d'ailleurs la compagnie en était choquée, notre inspecteur lui fit donner une livre de pommes de terre et une demi-livre de gruau. « Excusez ! » s'écria l'effronté coquin... « Que voulez-vous que je fasse de ça ?... Autant me donner une paire de lunettes sans verres ! » — « C'est bien, » dit notre inspecteur, après lui avoir fait rendre ce qu'il lui avait donné ; « vous n'aurez rien autre chose ici. » — « Alors je mourrai de faim dans la rue, » répliqua l'autre. — « Oh ! que non, vous ne mourrez pas pour cela, » repartit l'inspecteur.

« Ah ! ah ! la répartie n'est pas mauvaise ! — Je reconnais bien là M. Grannet, » dit la matrone. — « Eh bien, monsieur Bumble, ensuite ? »

« Eh bien, madame, » poursuivit le bedeau, « il s'en alla et mourut dans la rue. — En voilà un *pauvre* obstiné ! »

« Cela passe vraiment toute croyance ! »

observa la matrone avec emphase. « Mais ne pensez-vous pas avec moi, monsieur Bumble, que c'est un bien mauvais système que de donner des secours hors du dépôt? — Vous qui avez de l'expérience, qu'en dites-vous? »

« Madame Corney, » dit le bedeau souriant d'un air capable, comme un homme qui a le sentiment de sa supériorité, « les secours en dehors du dépôt, — *convenablement administrés;* — vous comprenez, madame, *convenablement administrés*, sont la sauve-garde des paroisses. Le grand principe de ce système que vous paraissez condamner, est justement d'accorder aux pauvres ce dont ils n'ont pas besoin, afin de leur ôter l'envie de revenir à la charge. »

« C'est assez bien vu, ma foi! » s'écria madame Corney. « La farce n'est pas mauvaise, savez-vous! »

« C'est comme je vous l'assure, madame, » reprit M. Bumble. « Entre nous soit dit, voilà le grand principe... et c'est la raison pour laquelle vous voyez quelquefois dans ces *bavards* de journaux que des malades ont reçu pour tout secours quelques tranches de fromage. C'est une règle généralement adoptée par toute l'Angleterre au jour d'aujourd'hui. — Cependant » (poursuivit-il en défaisant son paquet) « ce sont des secrets du métier qui ne sont connus que de nous autres *fonctionnaires paroissiaux.* — Voici deux bouteilles d'Oporto, madame, que l'administration envoie pour l'infirmerie : — c'est une bonne qualité de vin, naturel, pur et sans mélange, qui n'est en bouteille que d'aujourd'hui ; clair comme le son d'une cloche, et qui ne déposera pas, je vous l'assure. »

Disant cela, il en prit une bouteille qu'il présenta à la lumière, et qu'il secoua en même temps pour en prouver la bonté ; et, les ayant posées toutes deux sur la commode, il plia le mouchoir qui les enveloppait, le mit soigneusement dans sa poche, et prit son chapeau comme pour s'en aller. — « Vous n'allez pas avoir trop chaud pour vous en retourner, monsieur Bumble, » dit la matrone.

« C'est vrai, madame ; » répliqua celui-ci, relevant le collet de sa redingote ; « il fait un vent qui vous coupe les oreilles ! »

Madame Corney, jetant les yeux sur la bouilloire, les reporta ensuite sur le bedeau, qui se dirigeait vers la porte ; et ce dernier s'étant mis à tousser, comme pour se préparer à lui souhaiter le bonsoir, elle lui demanda d'un air timide, s'il ne voulait pas accepter une tasse de thé.

M. Bumble rabattit aussitôt le collet de sa redingote, posa sa canne et son chapeau sur une chaise et approcha un siége de la table. En s'asseyant, son regard rencontra celui de la dame, qui baissa aussitôt les yeux. Il toussa de nouveau, et sourit gracieusement.

Madame Corney se leva pour prendre une autre tasse et une soucoupe dans le buffet, revint à sa place, et ses yeux ayant une seconde fois rencontré ceux du galant bedeau, le vif incarnat de la pudeur couvrit ses joues, et ce ne fut pas sans quelque émotion qu'elle versa une tasse de thé à son convive. M. Bumble toussa derechef ; mais plus fort cette fois qu'il ne l'avait fait jusqu'alors.

« L'aimez-vous sucré, monsieur Bumble ? » demanda la matrone en prenant le sucrier.

« Très-sucré, madame, » répondit M. Bumble, fixant ses yeux sur madame Corney. — (Certes ! si jamais bedeau parut tendre, ce fut M. Bumble en ce moment.)

Le thé fut versé et passé en silence. M. Bumble ayant étendu son mouchoir sur ses genoux, pour garantir des miettes de pain sa culotte de drap pluché, se mit à manger et à boire, accompagnant cette opération de quelques soupirs qui, loin d'avoir aucune influence sur son appétit, semblaient faciliter les fonctions de l'estomac dans le département du thé et des rôties.

« Vous avez un chat, madame, à ce que je vois? » dit M. Bumble, apercevant un de ces animaux qui prenait ses ébats devant le feu ;... « et des petits aussi, si je ne me trompe ? »

« Je les aime tant, monsieur Bumble ! —Vous ne pouvez vous imaginer, » répartit la matrone. « Ils sont si gais, si heureux, si drôles, que c'est tout-à-fait une société pour moi ! »

« Ce sont des animaux bien doux, madame, » répliqua le bedeau d'un air approbatif; « si casaniers aussi ! »

« C'est bien vrai ! » poursuivit la dame avec enthousiasme. « Ils sont si attachés à la maison, que c'est un plaisir, en vérité ! »

« Madame Corney, » dit M. Bumble d'un ton doctoral, en marquant la mesure avec sa cuiller, « remarquez bien ceci, madame : qu'un animal quel qu'il soit, qui vivrait avec vous, madame, et qui ne serait pas attaché à la maison, serait nécessairement un âne, madame. »

« Oh ! monsieur Bumble ! » fit la matrone.

« Il est inutile de déguiser la vérité, » continua M. Bumble, agitant sa cuiller avec une amoureuse dignité qui donnait encore plus de force à ses paroles : « Je le noierais moi-même avec plaisir ! »

« Alors, vous êtes un cruel ! » reprit vivement la matrone, allongeant le bras pour prendre la tasse du bedeau; « et il faut que vous ayez le cœur bien dur ! »

« Le cœur dur, madame ! » répliqua M. Bumble. « Le cœur dur ! » Disant cela, il tendit sa tasse à madame Corney, pressa le petit doigt de la dame au moment où elle la prit, et portant sa main sur son gilet galonné, il poussa un profond soupir et recula sa chaise du feu.

Comme la table était ronde, et que la matrone et le bedeau étaient assis auprès de la cheminée, en face l'un de l'autre, on comprendra qu'en s'éloignant du feu, tout en restant à table, M. Bumble augmentait la distance entre madame Corney et lui; manière d'agir que le lecteur ne pourra s'empêcher d'admirer, et qu'il considèrera comme un acte d'héroïsme de la part de M. Bumble qui était, en quelque sorte, tenté par l'heure, le lieu et l'occasion, à débiter ces doux riens qui, bien qu'ils conviennent dans la bouche d'un étourdi, sont bien au-dessous de la dignité d'un magistrat, d'un membre du parlement, d'un ministre d'état, d'un lord-maire, ou de tout autre fonctionnaire public, et, à plus forte raison, d'un bedeau, qui (comme tout le monde sait) est, de tous les *hommes en place*, le plus sévère et le plus inflexible.

Quelle que fût l'intention du bedeau, cependant (et on ne doit pas douter qu'elle ne fût des meilleures), le malheur voulut que la table étant ronde, il s'en suivit de là, qu'en s'éloignant insensiblement de la cheminée, M. Bumble diminua peu à peu la distance qui le séparait de la matrone, et qu'à force de voyager ainsi autour de la table, il finit par se trouver tout près de madame Corney : en effet, les deux chaises se touchaient, et alors seulement M. Bumble s'arrêta.

Si madame Corney se fût reculée vers la droite, elle tombait à coup sûr dans le feu; si elle eût fait le moindre mouvement vers la gauche, elle se trouvait dans les bras du bedeau : c'est pourquoi, en femme sage et prudente, qui (sans aucun doute) prévoyait tout d'abord ce qui devait en résulter, elle resta à sa place et offrit une seconde tasse de thé à M. Bumble.

« Le cœur dur, madame Corney! » dit celui-ci, remuant son thé et fixant la matrone. » Avez-vous le cœur dur, madame Corney ? »

« Dieux ! » s'écria la dame « quelle drôle de question de la part d'un célibataire !... Que me demandez-vous là, monsieur Bumble! »

Le bedeau but son thé jusqu'à la dernière goutte, finit sa rôtie, secoua les miettes qui étaient sur ses genoux, essuya ses lèvres et, sans plus de façon, embrassa la matrone.

« Monsieur Bumble! » s'écria celle-ci, à voix basse (car se frayeur fut si grande qu'elle perdit entièrement l'usage de la voix). Monsieur Bumble! je... je... vais crier! »

Le bedeau la laissa dire; et, sans répondre un seul mot, il passa amoureusement son bras autour de la taille de la dame.

Comme celle-ci avait menacé de crier, ce nouvel acte de bardiesse, de la part du bedeau, devait l'y exciter davantage, et elle allait probablement le faire, quand on frappa vivement à la porte de la chambre.

M. Bumble alors, s'élançant vers la commode avec la rapidité de l'éclair, se mit à épousseter les bouteilles avec un grand sérieux, tandis que la matrone demanda vivement : « Qui est là? »

Une chose digne de remarque, comme pouvant servir d'exemple du pouvoir physique de la surprise sur la peur, c'est que la voix de madame Corney retrouva tout-à-coup son aspérité ordinaire.

« S'cusez, not' maîtresse, » dit une vieille pauvresse, ent'rouvrant la porte et montrant sa tête hideuse : « la vieille Sally se meurt. »

« Qu'est-ce que ça peut me faire à moi ! » demanda brusquement la matrone. « Est-ce que j'y peux quelque chose ? »

« Oh non, not' maîtresse ! — bien sûr que non ! » répliqua la pauvresse ; « personne n'y peut. — N'y a plus d'espoir d'ailleurs. — J'en ai tant vu mourir (des petits et des grands), que je sais bien quand n'y a plus de remède... Mais elle a quelque chose qui la tourmente ; et, dans ses momens de raison, qui sont bien rares (car elle finit comme une chandelle), elle dit qu'elle a queuq' chose à vous communiquer, et qu'il faut nécessairement que vous sachiez. — Elle ne mourra jamais tranquille que vous ne soyez venue, not' maîtresse. »

A cette nouvelle, la digne matrone murmura une foule d'invectives contre ces vieilles pauvresses qui ne pouvaient même pas mourir, sans déranger, *à dessein*, leurs *su-*

périeures, et s'enveloppant d'un châle épais qu'elle jeta à la hâte sur ses épaules, elle pria M. Bumble d'attendre qu'elle fût de retour, en cas qu'il n'arrivât quelque chose d'extraordinaire. Alors, ayant dit à la vieille de marcher devant et de ne pas lui faire passer le nuit dans les escaliers, elle la suivit d'assez mauvaise grâce, et en grondant tout le long du chemin.

M. Bumble, livré seul à lui-même, se conduisit étrangement : il ouvrit le buffet, compta les cuillers à thé, pesa les pinces du sucrier, examina un petit pot au lait, pour s'assurer s'il était bien en argent, et quand il eut satisfait sa curiosité sur ce point, il mit son chapeau, sens devant derrière, et fit quatre fois le tour de la table, en dansant gravement sur la pointe des pieds.

Après s'être livré à un exercice aussi ridicule, il remit son tricorne sur la chaise, et se prélassant devant la cheminée, le dos tourné vers le feu, il parut occupé mentalement à faire l'inventaire du mobilier.

CHAPITRE X.

DÉTAILS OBSCURS EN APPARENCE, MAIS QUI NE LAISSENT PAS QUE D'ÊTRE DE QUELQUE IMPORTANCE DANS CETTE HISTOIRE.

C'était bien une vraie messagère de mort, qui était venue troubler ce calme et cette paix intérieure qui régnaient dans la chambre de la matrone : son corps était courbé par l'âge, ses membres paralysés tremblaient continuellement, sa démarche était lente ; et la fixité de ses yeux, l'horrible expresssion de ses traits et le mouvement convulsif de ses lèvres, lui donnaient plutôt l'apparence d'un portrait grotesque que d'une œuvre de la création.

Hélas! qu'il y a peu de visages qui nous charment par leur beauté! Les soucis, les chagrins, les besoins et les privations de cette vie, altèrent les traits, comme ils changent les cœurs ; et c'est seulement, quand la souffrance cesse et que les passions ont perdu leur empire pour toujours, que le sombre nuage se dissipe, et qu'il rend au front sa sérénité.

La vieille femme monta l'escalier en chancelant, et trotta, du mieux qu'elle put, le long des corridors, marmottant quelques paroles inintelligibles, en réponse aux réprimandes de sa compagne. A la fin, obligée de s'arrêter pour respirer, elle remit sa lumière à celle-ci, et suivit clopin-clopant, tandis que la matrone, plus alerte, alla droit à la chambre de la mourante.

C'était un misérable galetas sous la mansarde, éclairé par la lueur blafarde d'une lampe. Une vieille femme du dépôt était assise au chevet de la malade, et l'apprenti du pharmacien de la paroisse, debout devant la cheminée, s'amusait, avec un tuyau de plume, à se faire un cure-dent.

« Il ne fait pas chaud, madame Corney ! » dit celui-ci, voyant entrer la matrone.

C'est vrai, monsieur, qu'y n'fait pas chaud, » répliqua la matrone, du ton le plus gracieux, en faisant la révérence.

« Vos fournisseurs devraient bien vous

envoyer de meilleur charbon, » dit l'apprenti pharmacien, attisant le feu avec le fourgon. « Celui-ci ne convient pas du tout pour un froid aussi rigoureux.»

« C'est du choix de l'administration, » répartit la matrone. « C'est bien le moins qu'on nous chauffe pourtant, nous avons déjà assez de mal comme ça! »

En ce moment la conversation fut interrompue par un gémissement de la malade.

« Oh! » fit le carabin, se tournant aussitôt vers le lit, comme s'il eût tout-à-fait oublié la patiente « N, I, ni, c'est fini, madame Corney.»

« C'est fini, n'est-ce pas? » demanda la matrone.

« Si elle avait encore deux heures à vivre, ça me surprendrait bien, » dit le jeune homme, actionné à finir la pointe de son cure-dent. « Le système moral aussi bien que le physique est usé chez elle. — Est-elle assoupie, ma bonne femme?»

La garde, à qui cette question s'adressait, se pencha sur le lit pour s'en assurer, et répondit affirmativement, par un signe de tête.

« Il est bien possible alors qu'elle s'en aille comme çà, si vous ne faites pas trop de bruit, » dit le jeune homme... « Posez la lumière à terre... — Elle ne pourra pas la voir là, du moins. »

La garde posa la lumière à terre, en hochant la tête, donnant sans doute à entendre que la malade ne mourrait pas si aisément qu'on le pensait; et elle alla se rasseoir à côté de l'autre vieille qui était rentrée sur ces entrefaites. La matrone s'enveloppa dans son châle, avec un air d'impatience, et s'assit elle-même au pied du lit.

Le carabin, qui avait enfin achevé son cure-dent, le promena dans sa bouche pendant un bon quart-d'heure qu'il resta planté devant le feu; après quoi, paraissant s'ennuyer, il souhaita à madame Corney *beaucoup de plaisir*, et s'en alla sur la pointe du pied.

Après être restées quelque temps assises en silence, au chevet de la malade, les deux vieilles se levèrent et vinrent s'accroupir dans un coin de la cheminée, étendant leurs mains décharnées devant le feu, pour les réchauffer. Comme, dans cette attitude, elles causaient à voix basse, la flamme rougeâtre répandait sur leurs visages sillonnés de rides, une teinte lugubre qui rendait leur laideur encore plus affreuse.

« A-t-elle encore parlé, Anne, pendant que j'étais sortie ? » demanda l'une.

« Elle n'a pas soufflé mot, » répondit l'autre. — « Elle s'est tordu les bras pendant quelques instans, et puis elle se déchirait avec ses ongles; mais je lui ai tenu les mains, et elle a été bientôt calmée... Comme elle n'a pas beaucoup de force, ça ne m'a pas été difficile de la mettre à la raison. — Je ne suis pas encore trop faible, savez-vous, pour une femme de mon âge, et soumise comme je le suis au régime de cette maison. »

« A-t-elle bu le vin chaud, comme le médecin l'a ordonné ? » demanda la première.

« J'ai essayé de le lui faire prendre, » reprit l'autre; « mais elle fermait la bouche, et elle mordait si fort le gobelet que c'est bien tout c' que j'ai pu faire que de le lui arracher d'entre les dents; — de sorte que j' l'ai avalé, et je n' m'en trouve pas plus mal. »

Regardant avec précaution autour d'elles, dans la crainte d'être entendues, les deux vieilles se rapprochèrent du feu et ricanèrent tout bas.

« Je me rappelle le temps, » dit la première, « où elle ne se serait pas gênée pour faire de même...et qu'elle en aurait joliment ri après. »

« C'est bien vrai, » reprit l'autre; « c'était une vraie Roger-Bontemps... En a-t-elle enseveli de ces corps!... Lui en a-t-il passé par les mains! — Et frais, et blancs comme de la cire!... Je les ai vus de mes propres yeux et touchés de mes propres mains, qui plus est... car je l'ai aidée tant et tant de fois! »

En parlant ainsi, la vieille étendit devant son visage, ses mains décharnées et tremblantes, et elle les agita en signe d'admiration. Ensuite, fouillant dans l'une de ses poches, elle en tira une vieille tabatière d'étain, dans laquelle elle prit quelques grains de tabac qu'elle mit sur la main de sa compagne, et s'en mit à elle-même un peu plus sur la sienne.

Tandis qu'elles étaient ainsi occupées, la matrone qui avait attendu avec impatience, que la malade sortît de l'état de stupeur dans lequel elle était plongée, s'approcha d'elles, et leur demanda sèchement, combien de temps elle avait encore à rester là.

« Pas bien long-temps, allez, not' maîtresse! » répliqua la dernière, en levant la tête. « Personne de nous n'a long-temps à attendre après la mort. — Patience, patience! elle viendra toujours assez tôt pour nous tous. »

« Taisez-vous, vieille radoteuse! » dit la matrone d'un ton sévère. « Répondez-moi, vous, Martha!... Est-ce la première fois que la malade se trouve dans cet état? »

« Oh! que non, madame. Elle a été comme çà bien souvent, » répondit celle-ci.

« Et elle n'y s'ra plus jamais, » ajouta l'autre, — c'est-à-dire qu'elle ne s'éveillera plus qu'une fois, — et ça ne tardera pas. — Vous verrez plutôt, not' maîtresse, si je n' dis pas la vérité. »

« Que ce soit tôt, que ce soit tard, peu m'importe! » reprit aigrement la matrone;

« elle ne me trouvera pas ici quand elle s'éveillera. — Quant à vous deux, prenez garde de ne plus me déranger ainsi pour rien !... Je ne suis pas obligée de voir mourir toutes les vieilles femmes de cette maison, et je ne le veux pas ! — C'est par trop fort ! — Faites bien attention à ce que je vous dis, vous, vieilles effrontées ! S'il vous arrive encore de vous moquer ainsi de moi, je vous en ferai bientôt passer l'envie, je vous assure ! »

Elle allait sortir tout d'un bond, lorsque les deux femmes jetèrent un cri qui la fit se retourner. La malade s'était dressée sur son séant et leur tendait les bras.

« Qui est là ? » s'écria-t-elle d'une voix sourde.

« Chut ! chut ! » dit l'une des deux vieilles en s'approchant du lit. « Couchez-vous ! couchez-vous ! »

« Je ne me recoucherai pas vivante ! » dit la malade en se débattant. « Je veux *qu'elle* sache... Venez ici ! — plus près... que je vous dise tout bas à l'oreille. »

Elle prit la matrone par le bras, et l'attirant vers une chaise qui était à son chevet, elle l'y fit asseoir.

Elle allait parler, lorsque, jetant un regard autour d'elle, elle aperçut les deux vieilles qui, le cou tendu et le corps en avant, prêtaient une oreille attentive à ce qu'elle allait dire.

« Faites-les sortir! » continua-t-elle d'une voix léthargique. « Vite, vite! »

Les deux vieilles s'écriant à qui mieux mieux et d'un commun accord, se plaignirent amèrement d'être méconnues par leur ancienne camarade, et protestèrent contre l'injustice qu'il y aurait à les en séparer à ses derniers momens; mais la matrone les poussa hors de la chambre, ferma la porte sur elles et vint se rasseoir au chevet de la malade. Alors celles-ci changèrent de gamme, et se mirent à crier, par le trou de la serrure, que la vieille Sally était ivre (ce qui pouvait bien être, dans le fait; puisque, en plus d'une légère dose d'opium, prescrite par le médecin, elle avait à combattre contre les effets d'un dernier verre de *grog* que, par bonté d'âme, les bonnes vieilles lui avaient administré).

« Maintenant, écoutez bien! » dit la mourante d'une voix plus forte, comme pour exciter en elle une dernière lueur d'énergie. « Dans cette chambre, — dans ce lit, — j'ai soigné, autrefois, une jeune et jolie créature, —qu'on avait amenée dans cette maison. Ses pieds, meurtris et déchirés par la marche, était couverts de sang et de poussière. — Elle accoucha d'un garçon, et mourut. — Attendez donc! — En quelle année, déjà? »

« Peu importe l'année! » dit l'impatiente matrone. « Eh bien! quoi, au sujet de cette jeune femme? »

« Ah! » murmura la malade, retombant dans son premier assoupissement — « Au sujet de la jeune femme, n'est-ce pas? — A... à... son... sujet? — Ah, oui! » (Elle pleura, jeta un cri perçant et bondit sur son lit d'un air furieux; son visage devint pourpre et ses yeux lui sortaient de la tête.) — « Je l'ai volée!... oui, c'est pourtant vrai,.... je l'ai volée!.... Elle n'était pas encore froide!... Oui,... je le répète.... elle était encore tiède, quand je l'ai volée!!! »

« Volé quoi?... Pour l'amour de Dieu, parlez donc! » s'écria la matrone, faisant un mouvement, comme si elle eût voulu appeler du secours.

« M'y voici ! » répliqua la mourante, mettant sa main sur la bouche de l'autre. — « La seule chose qu'elle avait. — Elle manquait de tout... de vêtemens pour se couvrir et de pain pour subsister ;... mais elle avait conservé précieusement dans son sein...—C'était de l'or, je vous dis !... de l'or magnifique qui aurait pu lui sauver la vie ! »

« De l'or ! » répéta la matrone, se penchant avidement sur le lit de la moribonde, à mesure que celle-ci retombait sur l'oreiller. « Eh bien quoi, après ? — Qui était la mère ? — En quel temps ? — A quelle époque ? — Parlez ! parlez ! »

« Elle m'avait prié de le garder, » poursuivit l'autre, en poussant un profond soupir. — Elle me l'avait confié comme étant la seule personne qui fût auprès d'elle, à l'heure de son agonie. — Je l'ai convoité dans mon cœur... je l'ai volé en pensée, lorsque je le lui ai vu autour du cou pour la première fois. — Et, qui pis est, j'ai peut-être la mort de l'enfant à me reprocher. —

Ils l'auraient certainement mieux traité, s'ils avaient su tout cela. »

« Su quoi ? » demanda la matrone. « Parlez ! »

« Il ressemblait tant à sa mère, à mesure qu'il grandissait, ce cher petit » (continua l'autre, sans prendre garde à la question), que chaque fois que je le voyais, je ne pouvais m'empêcher de penser à elle ! — Pauvre jeune fille !... pauvre petite !—Elle était si jeune aussi !...Un si beau petit agneau ! — Attendez !... Je n' vous ai pas tout dit, n'est-ce pas ?... Il me semble que j'ai encore quelque chose à vous dire ? »

« Oui ! oui ! » répliqua la matrone, penchant l'oreille pour saisir les paroles qui sortaient plus lentement de la bouche de la mourante. — Dites vite ; — ou bien il ne serait plus temps ! »

« La mère » (dit la mourante, faisant un dernier effort pour donner à sa voix un diapason plus élevé), la mère, sentant s'approcher l'instant de son trépas, me dit à l'oreille, que *si son enfant venait au monde vivant, et qu'on pût l'élever, un jour viendrait où il pourrait, sans rougir, entendre prononcer le nom de sa pauvre jeune mère.* — « Et *vous, ô mon Dieu,* » ajouta-t-elle en joignant ses mains si maigres et si délicates, « *que ce soit un garçon ou une fille, suscitez-lui des amis sur cette terre de doulenr et d'exil ; et prenez pitié d'un pauvre petit orphelin abandonné à la merci des étrangers !* »

« Le nom de l'enfant ? » demanda la matrone.

« On l'appelait Olivier, » répondit la mourante, d'un voix faible. — L'or que j'ai volé était... »

« Oh! oui, oui ! qu'est-ce que c'était ? » s'écria vivement la matrone.

Comme elle se penchait avec empressement, pour recevoir la réponse de la moribonde, celle-ci se remit lentement et avec roideur sur son séant, et empoignant à deux mains sa couverture, elle marmotta, d'une voix gutturale, quelques paroles inintelligibles et tomba sans vie sur l'oreiller.

« Roide morte ! » — dit une des deux vieilles femmes, entrant précipitamment aussitôt que la porte fut ouverte.

« Et rien à dire, après tout ! » — ajouta

la matrone, en s'en allant comme si de rien n'était.

Les deux vieilles avaient, selon toute apparence, l'esprit trop occupé des devoirs funèbres qu'elles avaient à remplir, pour faire aucune réplique; et elles restèrent seules auprès de la morte.

CHAPITRE XI.

ENCORE FAGIN ET COMPAGNIE.

Tandis que toutes ces choses se passaient dans le dépôt de mendicité en question, M. Fagin était dans son vieux repaire (le même qu'Olivier venait de quitter, en compagnie de Nancy), assis devant la cheminée, et tenant sur ses genoux un soufflet avec lequel il avait essayé sans doute de donner au feu dont la fumée se répandait par toute la chambre une plus vive action. Ses coudes sur le soufflet, et son menton appuyé sur ses pouces, il regardait le foyer d'un air distrait, et paraissait plongé dans une profonde rêverie.

A une table derrière lui, le Fin Matois, Charlot Bates et M. Chitling faisaient une partie de *wist :* le Matois seul contre les deux autres. Sa physionomie, expressive en tout temps, devint encore plus intéressante par le sérieux avec lequel il étudiait la partie, et par les coups d'œil qu'il lançait de temps en temps, selon que l'occasion s'en présentait, sur les cartes de M. Chitling, réglant sagement son jeu, d'après les remarques qu'il avait faites sur celui de ce dernier. Comme il faisait froid, il avait (selon sa coutume), son chapeau sur sa tête. Il avait entre les dents une pipe de terre, qu'il n'ôtait que lorsqu'il jugeait nécessaire d'avoir recours à une mesure d'étain placée sur la table, et qu'on avait remplie à l'avance de *grog*, pour le bien de la compagnie.

Maître Bates faisait aussi beaucoup d'attention à son jeu; mais, étant d'un caractère beaucoup plus gai que son incomparable ami, il eut plus souvent recours à la mesure d'étain, et il se permit en outre certaines plaisanteries et certaines remarques tout-à-fait hors de saison, et qui ne conviennent nullement à un bon joueur, surtout au jeu de *wist*, qui exige du silence et de l'attention. En vain le Matois, usant du droit que lui donnait son attachement pour ce dernier, lui fit remarquer plus d'une fois l'inconvenance de sa conduite; maître Bates n'en fit que rire, et (pour me servir de son expression) *l'envoya promener;* et par ses réparties aussi vives que spirituelles, il excita au plus haut point l'admiration de M. Chitling.

Ce qu'il y a d'étonnant, c'est que ce dernier et son partenaire perdaient toujours, et que cette circonstance, loin de fâcher maître Bates, paraissait l'amuser infiniment, puisqu'il riait aux éclats à la fin de chaque partie, assurant que, *de sa vie ni de ses jours*, il ne s'était autant diverti.

« Ça nous fait deux manches et la belle, » dit Chitling d'un air piteux, en tirant une demi-couronne de la poche de son gilet. « Faut avouer que tu as un bonheur insolent... Tu vous gagnerais jusqu'à votre dernier sou... Même quand nous avions beau jeu, Charlot et moi, ça ne nous a pas empêchés de perdre. »

Charlot Bates partit d'un tel éclat de rire à cette remarque, qui fut faite d'un ton lamentable, que le juif sortit de sa rêverie et demanda ce qu'il y avait.

« Monsieur Fagin! » s'écria Charlot, « j' voudrais que vous eussiez pu voir le jeu... Thomas Chitling n'a pas fait un seul point, — et j'étais son partenaire contre le Matois. »

« Ah, ah! » dit le juif, souriant d'une manière qui prouvait assez qu'il n'en ignorait pas la cause, « prends ta revanche, Tom! prends ta revanche! »

« Non, merci, Fagin; —j'en ai assez comme ça, » répliqua l'autre. « Le Matois vous a une chance contre laquelle on ne peut tenir! »

« Ha, ha! mon cher, » répartit le juif, « il faut se lever matin pour gagner le Matois »

« Se lever matin! » s'écria Charlot Bates. « Y n'suffit pas d' se l'ver matin. Y vous faut mettre vos bottes la veille, avoir un double télescope,... et une lorgnette entre vos deux épaules, si vous voulez *faire* celui-là. »

M. Dawkins reçut cet éloge flatteur avec beaucoup de modestie, et offrit de dire au premier venu de la société, pour la simple bagatelle d'un schelling, chaque fois, la carte que celui-ci aurait pensée. Comme personne n'acceptait le défi, et que sa pipe était éteinte, il s'amusa avec le morceau de craie qui lui avait servi à compter le jeu, à tracer le plan de la prison de Newgate, sifflant tout le temps, d'une manière toute particulière.

« Tu m'as joliment l'air de t'amuser, Tom ! » dit le Matois, rompant le silence qui durait depuis plus de cinq minutes. — « Je parie que vous ne devinez pas ce qui l'occupe, Fagin ! »

« Comment veux-tu que je sache, mon cher ? » répliqua le juif, levant la tête et remettant le soufflet en place. » Il pense peut-être à la perte de son argent, ou bien encore à la *retraite* qu'il vient de faire à la campagne, hein ? —Ha! ha ! n'est-ce pas, Tom? »

« Vous n'y êtes pas, » repartit le Matois, au moment où Chitling allait répondre. — « Qu'en dis-tu, toi, Charlot ? »

« Moi ? » répondit celui-ci, « je pense qu'il en tient pour Betsy. —Voyez plutôt comme il rougit !—En v'là un heureux mortel !—O Dieux ! est-il possible !... Thomas Chitling amoureux ! Oh ! Fagin, Fagin, c'te bonne farce ! »

Tout entier à l'idée de savoir Thomas Chitling victime d'une tendre passion, maître Bates se laissa aller sur le dos de sa chaise, d'une telle force qu'il perdit l'équilibre et tomba tout de son long sur le plancher. Quand il s'en fut donné à cœur joie, il se releva.

« Ne fais pas attention à eux, Tom ! » dit le juif, faisant un signe d'intelligence à Dawkins, et donnant un petit coup à Charlot, avec la douille du soufflet. « Ne les écoute pas, va ! —Betsy est aimable... c'est une bien bonne fille ! Attache-toi à elle, Tom ! — Va toujours ton petit bonhomme de chemin ! »

« Quand bien même encore, Fagin ! » répliqua Chitling, rougissant encore plus, « quand même encore que ça s' rait ;.... c'est une chose qui ne regarde personne. »

« C'est vrai, » répartit le juif. — « Laisse dire Charlot,.... laisse-le dire, Tom. —Betsy est une belle fille. — Fais comme elle te dira, Tom; et tu feras fortune. »

« C'est bien c' que j' fais aussi ! » poursuivit Chitling. « Je n' me s' rais pas fait *pincer*, si je n'avais pas suivi ses conseils. — Mais vous y avez trouvé votre avantage, n'est-ce pas, Fagin ? — Et d'ailleurs, qu'est-ce que c'est que six semaines?...Faut toujours qu' ça s' passe, d'une manière ou d'autre. Et vaut-il pas mieux qu' ça soit en hiver, quand on n'a pas tant à sortir; hein, Fagin? »

« C'est juste, au fait, » dit ce dernier.

« Ça n' te f'rait rien d'y retourner, n'est-ce pas, Tom? » dit le Matois, clignant de l'œil à Fagin et à Charlot. » — Tu n'y f'rais seulement pas attention, pas vrai si Betsy n'était pas si cruelle? »

« N'y a pas de doute à ça, que je m'en moquerais, » répliqua Tom, d'un air fâché. « Eh bien, après? — Ah! — qui est-ce qui en pourrait dire autant, j'voudrais bien le savoir, hein, Fagin? »

« Personne, mon cher, » répartit le juif. « N'y en a pas un qui en puisse dire autant... Pas un seul d'entre eux, Tom. »

« J'aurais bien pu sortir de là, blanc comme neige, si j'avais voulu parler; n'est-il pas vrai, Fagin? » poursuivit la pauvre dupe. « — Un seul mot pouvait la compromettre et me faire acquitter en même temps; n'est-ce pas, Fagin? »

« C'est encore vrai, mon cher, » répondit le juif.

« Mais je n'ai pas *mangé l'morceau*, pas vrai, Fagin ? » dit Tom, faisant question sur question, avec une étonnante volubilité.

« Non certainement ! » dit le juif. « Tu étais trop brave pour cela ; — beaucoup trop brave, mon cher ! »

« Et si j'ai fait mon devoir, » poursuivit Tom, regardant fièrement autour de lui, « Et, si j'ai agi trop bravement, est-ce une raison pour qu'on se moque de moi, hein, Fagin ? »

Le juif voyant que Chitling prenait la mouche, s'empressa de l'assurer que personne ne se moquait; et pour preuve de ce qu'il avançait, il en appela à maître Bates, le principal offenseur. Malheureusement, en ouvrant la bouche, pour répondre qu'il n'avait jamais été si sérieux de sa vie, Charlot partit d'un tel éclat de rire, que Chitling se voyant mystifié, s'élança aussitôt sur le rieur, et lui lança un coup de poing que ce dernier évita heureusement, et qui tombant lourdement sur la poitrine du *facétieux* vieillard, envoya ce dernier à l'autre bout de la chambre, contre la muraille, où il ouvrit la bouche toute grande pour respirer, tandis que Tom le regardait d'un air consterné.

« Écoutez! » s'écria le Matois en ce moment. « J'entends la *bavarde*. »

Disant cela, il prit la lumière et monta doucement l'escalier.

La sonnette se fit entendre de nouveau, avec quelque impatience, tandis que la compagnie était dans l'obscurité. — Un instant après, le Matois reparut et parla mystérieusement à l'oreille de Fagin.

« Est-ce qu'il est seul? » s'écria celui-ci.

Le Matois fit un signe de tête affirmatif, et, mettant sa main devant la lumière, il donna à entendre à Charlot qu'il ferait bien, pour le quart d'heure, de réprimer sa folle gaieté; après quoi il fixa les yeux sur le juif, comme pour attendre ses ordres.

Le vieillard porta ses doigts jaunes à sa bouche, et réfléchit un instant, les traits de son visage paraissant visiblement contractés tout le temps, comme s'il redoutait quelque malheur et qu'il craignît de l'apprendre. Enfin il leva la tête.

« Où est-il? » — demanda-t-il au Matois.

Celui-ci montra du doigt l'étage au-dessus, et se préparait à quitter la chambre.

« Oui, » dit le juif devinant la question. « Fais-le descendre. — Chut! — Tais-toi, Charlot!...Doucement, Tom! Passez de l'autre côté, mes amis!...Laissez-nous seuls! »

Charlot et Chitling se retirèrent sans faire le moindre bruit. Un profond silence régnait dans la chambre, quand le Matois descendit l'escalier, la lumière à la main, et suivi d'un homme en blouse qui, ayant jeté un coup-d'œil rapide autour de lui, détacha une grosse cravate de laine qui lui cachait le bas du visage, et laissa voir les traits du *flambant* Toby Crackit, pâle, hagard et horriblement fatigué.

« Comment ça va-t-il, Fagin? » dit l'élégant jeune homme, faisant un signe de tête au juif. « Mets ce mouchoir dans mon castor, le Matois, afin que j'le r'trouve quand je m'en irai... Là,... c'est ça! — Tu f'ras un fameux *grinche* un jour, et tu vaudras mieux que les anciens.

Disant cela, il releva sa blouse et la retroussa autour de sa ceinture; ensuite il approcha une chaise du feu, et posa ses pieds sur le garde-cendres.

« Voyez donc, Fagin ! » dit-il d'un air piteux, en montrant du doigt ses bottes toutes crottées, « pas seulement une seule goutte de cirage, depuis que vous savez ! — Mais ne me r'gardez pas comme ça, homme que vous êtes ! — Chaque chose en son temps. — Je ne puis parler affaires que je n'aie bu et mangé quelque chose. — Mettez donc la *pâtée* sur la table que j'me remplisse un peu... depuis trois jours qu'il ne m'est rien entré dans *l'cornet !* »

Le juif fit signe au Matois d'apporter ce qu'il y avait de comestibles, et s'asseyant en face du brigand, il attendit son bon plaisir.

A en juger par les apparences, Toby n'était nullement pressé d'entamer la conversation. D'abord le juif se contenta d'observer sa physionomie, pour tâcher d'y deviner la nouvelle qu'il apportait; mais ce fut inutilement. Il paraissait fatigué et harassé, sans doute; mais ses traits n'en portaient pas moins l'empreinte de ce calme intérieur qui régnait continuellement sur son visage; et, malgré ses favoris pleins de boue et sa barbe de trois jours, c'était toujours le *flambant* Toby Crackit.

Fagin épiait donc avec une anxiété indéfinissable chaque morceau que ce dernier portait à sa bouche, se promenant de long en large dans la chambre pour tuer le temps qui lui paraissait si long; il n'en fut pas plus avancé. Toby avala toujours jusqu'à ce qu'il lui fût impossible de manger davantage; et alors ayant dit au Matois de sortir; afin d'être seul avec le juif, il alla lui-même fermer la porte, puis se fit un verre de *grog* et se disposa à parler.

« Primo d'abord, Fagin ! » dit-il.

« Ah ! oui, oui ! » reprit l'autre, approchant sa chaise de la table.

Le sieur Crackit s'arrêta pour avaler son verre de grog et pour déclarer que le genièvre était excellent; ensuite, passant ses pieds sur le manteau de la cheminée, pour être plus à même de considérer ses bottes, il poursuivit tranquillement :

« Primo d'abord, Fagin, comment va Guillaume ? »

« Quoi ! » s'écria le juif, se levant précipitamment de sa chaise.

« Comment cela ? » dit Toby en pâlissant. « Vous ne voulez pas dire.... ? »

« Je ne veux pas dire ! » s'écria le juif, frappant du pied avec fureur sur le plancher. « Où sont-ils, Sikes et l'enfant ? — Où sont-ils ?... Où ont-ils été ? — Où se cachent-ils ? — Pourquoi ne sont-ils pas venus ici ? »

« Le coup a manqué, » dit Toby d'un air triste.

« Je sais cela ! » repartit le juif, tirant un journal de sa poche, et lui montrant du doigt l'article en question. « Après ? »

« Ils ont tiré et ont atteint le *moutard* (1). —Nous avons joué des jambes à travers les haies et les fossés, avec le petit entre nous deux. — Nous allions aussi vite que le vent. — Ils nous ont fait la chasse. — Damnation ! tout le pays était sur pied, — et les chiens à nos trousses!... »

« L'enfant ? » dit le juif d'un air effaré.

« Guillaume l'avait pris sur ses épaules,

(1) L'enfant. (*Note du traducteur.*)

et filait avec lui ; — nous nous sommes arrêtés pour le prendre entre nous deux ; sa tête penchait sur sa poitrine, et il était froid comme marbre. — Ils étaient sur nos talons : ma foi ! chacun pour soi, et sauve qui peut !... Nous avons été chacun de notre côté, et nous avons laissé là le *moutard* couché dans un fossé. — Mort ou vivant, c'est tout ce que j'en sais. »

Sans laisser à Toby le temps de se reconnaître, le juif jeta un cri perçant en s'arrachant les cheveux, et s'élança de la chambre sur l'escalier, et de l'escalier dans la rue.

CHAPITRE XII.

UN MYSTÉRIEUX PERSONNAGE PARAIT SUR LA SCÈNE. PARTICULARITÉS INSÉPARABLES DE CETTE HISTOIRE.

Le vieillard avait gagné le coin de la rue, qu'il ne s'était point encore remis de l'impression qu'avait produite sur lui le récit de Toby Crackit. Contre son ordinaire, il marchait vite et sans paraître savoir où il allait, lorsque le frôlement soudain d'une voiture qui faillit le renverser, et le cri des personnes qui virent le danger qu'il venait de courir, le ramenèrent sur le trottoir. Évitant autant que possible les rues fréquentées, et ne cherchant au contraire que les allées et les passages, il se trouva enfin dans *Snow-Hill.* Là il marcha encore plus vite, et ne ralentit sa marche que quand il fut entré dans une petite ruelle où, comme s'il eût eu la conviction qu'il était dans son propre élément, il reprit son pas ordinaire et sembla respirer plus librement.

Près de l'endroit où *Snow-Hill* et *Holborn-Hill* se joignent, vous voyez, sur la droite, en venant de la Cité, une allée sombre et étroite qui conduit à *Saffron-Hill*, et dans les sales boutiques de laquelle sont exposés en vente d'énormes paquets de mouchoirs d'occasion, de toutes grandeurs et de toutes couleurs; car c'est là que résident les marchands qui les achètent des filoux. Des centaines de ces mouchoirs sont accrochés en dehors des fenêtres et au-dessus des portes, et les rayons, à l'intérieur des boutiques, en sont chargés. Quelque rétrécies que soient les limites de cette ruelle, connue sous le nom de *Field-Lane*, elle n'en a pas moins son barbier, son limonadier, son marchand de bière et sa marchande de friture. C'est une petite colonie qui a son commerce à elle; c'est l'entrepôt des petits vols, fréquenté le matin, de bonne heure, et le soir à la brune, par des marchands qui trafiquent, à voix basse, dans des arrière-boutiques, et qui s'en retournent de la même manière qu'ils sont venus. Là le marchand d'habits, le savetier, la marchande de chiffons, étalent leurs marchandises, comme pour servir d'enseigne aux filoux du dernier ordre; et des magasins d'os et de vieille ferraille, ainsi que des monceaux de vieux linge tout en lambeaux, se pourrissent et se consument dans les greniers.

C'est dans cet endroit que le juif venait d'entrer. Il était bien connu des pâles habitans du passage; car quelques-uns d'entre eux, qui étaient sur le pas de leur porte pour guetter les chalands, lui firent un signe de tête amical, auquel il répondit semblablement sans s'arrêter. Il alla ainsi jusqu'au bout du passage, où il adressa la parole à un fripier, homme de petite taille, assis dans une petite chaise d'enfant, et fumant sa pipe devant la porte de sa boutique.

« Comment donc, monsieur Fagin! Vous devenez si rare que votre présence suffirait pour guérir de l'ophthalmie! » dit le respectable négociant, en réponse à la question du juif, sur l'état de sa santé.

« Il y faisait un peu trop chaud, dans votre quartier, Lively, » repartit Fagin, levant les yeux et croisant les mains sur ses épaules.

« C'est ce que je me suis laissé dire, » répliqua l'autre, « mais cela s'apaisera ; ne pensez-vous pas comme moi ? »

Fagin fit un signe de tête affirmatif, et montrant du doigt *Saffron-Hill*, il s'informa s'il n'y avait pas là quelqu'un, ce soir.

« A l'enseigne des *Trois-Boiteux ?* » demanda le négociant.

Le juif fit signe que oui.

« Attendez donc! » poursuivit le marchand, cherchant à se rappeler. « — Oui, il y en a quelques-uns, autant que je puis me rappeler. — Je ne pense pas que votre ami y soit. »

« Sikes n'y est pas, je pense ? » demanda le juif d'un air désappointé.

« *Non est wentus*, comme disent les hommes de loi, » reprit le petit homme, secouant la tête d'un air tout-à-fait capable. « Avez-vous quelque chose qui puisse me convenir ? »

« Non, je n'ai rien aujourd'hui, » dit le juif en s'en allant.

« Allez-vous à l'enseigne des *Trois-Boiteux*,

dites donc, Fagin ? » cria le petit homme. « Je ne me ferai pas tirer l'oreille pour aller avec vous, si vous vous sentez disposé à payer quelque chose. »

Mais comme le juif, en se retournant, fit un signe de la main qu'il préférait être seul, et que d'ailleurs le petit homme ne pouvait pas facilement se dégager de sa petite chaise, dans laquelle il était entré comme par force, l'auberge des *Trois-Boiteux* fut privée, pour cette fois, de l'avantage de posséder M. Lively. En effet, le temps que ce dernier fut parvenu à se remettre sur ses jambes, Fagin avait disparu ; ce que voyant le petit homme, qui se fatiguait inutilement pour savoir ce que le juif était devenu, et qui se haussait sur la pointe des pieds pour tâcher de le découvrir, il se renfonça du mieux qu'il put dans sa petite chaise, et ayant échangé, avec la dame de la boutique en face, un signe d'intelligence dans lequel il y avait du doute et de la défiance, il finit gravement sa pipe.

L'auberge des *Trois-Boiteux*, ou simplement les *Boiteux*, ainsi connue des habitués de l'établissement, était précisément celle où Sikes et son chien ont déjà figuré. Faisant seulement un signe à l'homme assis au comptoir, Fagin monta l'escalier, ouvrit la porte d'une chambre, s'y introduisit doucement et regarda d'un air inquiet autour de lui, mettant sa main au-dessus de ses yeux, comme s'il eût cherché quelqu'un.

Cette chambre était éclairée par deux becs de gaz, dont l'éclatante lumière était garantie du dehors par des volets assujétis par une barre de fer et par des rideaux épais d'un rouge passé. Le plafond était badigeonné de noir (toute autre couleur ayant été susceptible d'être altérée par la vapeur du gaz); et l'endroit était si plein d'une épaisse fumée de tabac, qu'il était presque impossible de s'y voir. S'étant dissipée peu à peu cependant, à travers la porte qu'on avait laissée entr'ouverte, elle laissa voir un assemblage de têtes, aussi confus que le bruit des voix, et, à mesure que l'œil s'accoutumait à la scène, le spectateur eût été à même de discerner une nombreuse société d'hommes et de femmes, assis autour d'une longue table, au haut bout de laquelle se tenait le président, son marteau d'office à la main, tandis qu'un artiste, au nez bleuâtre, et ayant la figure entortillée d'un mouchoir, à cause d'un mal de dents, était devant un mauvais piano, placé dans le coin le plus retiré de la chambre.

Au moment où Fagin entra, ce dernier, parcourant les touches du clavier en manière de prélude, avait excité un cri général pour rappeler à l'ordre et pour demander une chanson. Lorsque le bruit fut apaisé, une jeune dame commença à régaler la société d'une ballade en quatre couplets, accompagnée du pianiste, qui joua le plus fort et le plus haut qu'il put. Au dernier couplet, le président donna son opinion, et les deux artistes, assis à sa droite et à sa gauche, proposèrent un *duo* qu'ils chantèrent à la grande satisfaction des auditeurs, qui applaudirent à outrance.

Parmi ce groupe, il y avait des figures vraiment curieuses à voir; entre autres, celle du président lui-même (le maître de la maison), un gros rustique aux larges épaules, qui, pendant qu'on chantait, promenait ses regards autour de la salle, avec un air de satisfaction, semblant avoir des yeux pour chaque chose qui se faisait, et des oreilles pour tout ce qui se disait (et de fameuses encore !) Près de lui étaient les chanteurs, recevant, avec une indifférence affectée, les complimens de chacun, et se faisant un devoir de répondre alternativement à une douzaine de *toasts*, proposés par leurs bruyans admirateurs, dont les visages, exprimant presque tous les vices, dans presque toutes leurs phases, attiraient forcément l'attention par leur laideur même. La ruse, la cruauté et l'ivrognerie dans tous ses degrés, étaient là, sous les formes les plus hideuses. Il y avait des femmes aussi; les unes, dont la dernière teinte de leur première fraîcheur s'effaçait presque à mesure que vous les regardiez; les autres ayant perdu entièrement les formes gracieuses de leur sexe, et n'offrant plus que la pâleur dégoûtante de la débauche et du crime. Certaines n'étaient encore que fillettes; d'autres de jeunes femmes (pas une d'entre elles n'ayant passé le printemps de la vie); et toutes, en un mot, formant la partie la plus triste et la plus sombre de cet affreux tableau.

Fagin, peu susceptible de fortes émotions, passa en revue toutes ces figures, l'une après l'autre, sans rencontrer celle qu'il cherchait. Étant parvenu enfin à attirer sur lui le regard de l'homme qui occupait le fauteuil, il lui fit un léger signe de tête, et se retira aussi doucement qu'il était entré.

« Qu'y a-t-il pour votre service, monsieur Fagin ? » demanda l'homme qui l'avait suivi jusque sur le palier. « Ne voulez-vous pas être des nôtres ? — Ils seront tous charmés de vous avoir. »

Le juif secoua la tête d'un air d'impatience, et demanda tout bas : « Est-il ici ? »

« Non, » répondit l'homme.

« Et vous n'avez point de nouvelles de Barney ? » demanda Fagin.

« Du tout, » répliqua le maître de la taverne des *Trois-Boîteux* (car c'était lui). Il ne bougera pas que tout ne soit bien tranquille. Soyez sûr que la police est sur leurs traces, là-bas, et que, s'il avait le malheur de bouger, il se ferait *pincer* du premier coup. Barney est en sûreté où il est, il n'y a pas de doute ; sans quoi j'aurais entendu parler de lui. Je parierais tout ce qu'on voudra qu'il s'en retirera *proprement* : vous pouvez bien y compter; je vous en donne mon billet. »

« Viendra-t-il ici ce soir? » demanda le juif, appuyant sur le pronom avec la même emphase qu'auparavant.

« Monks, vous voulez dire? » demanda le maître de la taverne.

« Chut! » fit le juif. « Oui. »

« Certainement! » reprit l'autre, tirant de son gousset une montre d'or. — « Il devrait déjà être arrivé. — Si vous voulez attendre seulement dix minutes, vous allez le voir. »

« Non, non, » dit le juif d'un air qui laissait à penser que, bien qu'il désirât voir la personne en question, il n'était cependant pas fâché de ne pas la rencontrer. « Dites-lui que je suis venu pour le voir, et qu'il vienne chez moi cette nuit.... Non... plutôt demain. Puisqu'il n'est pas ici, il sera toujours assez temps demain. »

« C'est bien! » dit l'homme. « Il n'y a rien de plus à lui dire? »

« Non, » dit le juif en descendant l'escalier.

« Dites donc! » fit l'autre à demi-voix, en se penchant vers la rampe. « Quel bon moment pour une *vente!*... Si vous vouliez, nous avons là Philippe Barker... il est si soûl qu'un enfant pourrait le prendre. »

« Aha! » fit le juif en levant la tête. « Mais ce n'est pas encore l'heure de Philippe Barker; il a encore quelque chose à faire avant que nous nous séparions de lui. — Allez rejoindre les amis, mon cher; et dites-leur de bien s'amuser *tandis qu'ils sont de ce monde*, ha! ha! ha! »

Le maître de la taverne rit bien fort de la réflexion du vieillard, et alla rejoindre ses convives. Le juif ne fut pas plutôt seul que ses traits reprirent l'expression de l'inquiétude et de la crainte. Après avoir réfléchi un instant, il monta dans un cabriolet de place, et dit au cocher de se diriger vers Bethnal-Green. Il descendit à un quart de mille de la demeure de Sikes, et fit le reste du chemin à pied.

« Maintenant, » marmotta-t-il entre ses dents tout en frappant à la porte, » s'il y a ici quelque anguille sous roche, je le saurai bien vite de vous, ma jeune fille, toute maligne que vous êtes! »

La femme qui lui ouvrit, lui ayant dit que Nancy était chez elle, il monta doucement l'escalier et ouvrit la porte de la chambre, sans plus de crémonie.

La jeune fille était seule, la tête appuyée sur la table et ses cheveux épars sur ses épaules.

« Il faut qu'elle ait bu, » dit à part soi le juif, « ou bien elle a du chagrin. »

Disant cela, il revint sur ses pas, pour fermer la porte; et le bruit qu'il fit ayant éveillé Nancy, elle s'informa s'il y avait du nouveau, regardant fixement le rusé vieillard pendant qu'il lui racontait le récit de Toby Crackit. Lorsqu'il eut fini, elle reprit sa première attitude sans dire un seul mot. Elle poussait le chandelier avec impatience, frottait ses pieds sur le parquet chaque fois qu'elle changeait de position; mais ce fut tout.

Pendant tout ce temps, le juif regardait autour de lui, d'un air inquiet, comme s'il eût voulu s'assurer que Sikes n'était point rentré.

Ayant satisfait sa curiosité sur ce point,

il toussa deux ou trois fois, et fit tout ce qu'il put pour entamer la conversation; mais la fille ne fit pas plus d'attention à lui et ne bougea non plus qu'une statue de pierre. Enfin il fit un nouvel effort, et se frottant les mains, il dit du ton le plus affable :

« Et où crois-tu que Guillaume puisse être maintenant, hein? »

Celle-ci répondit d'une manière presque inintelligible, et comme si elle pleurait, qu'elle ne savait pas.

« Et l'enfant? » dit le juif, regardant la fille entre deux yeux pour voir l'expression de son visage. « Pauvre petit! — Abandonné dans un fossé! Vois donc un peu, Nancy! »

« L'enfant, » dit celle-ci, levant la tête, « est mieux où il est qu'avec nous... Et pourvu qu'il n'arrive rien à Sikes, je désire qu'il soit mort dans le fossé, et que ses os y pourrissent. »

« Quoi donc! » s'écria le juif avec étonnement.

« Sans doute, » reprit la fille, le regardant fixement à son tour; « je serais bien contente de ne plus l'avoir sous mes yeux, et de savoir qu'il est affranchi de tout ce qui pouvait lui arriver de plus fâcheux.... C'était un fardeau que de l'avoir autour de moi... Sa vue seule était un reproche contre moi et contre vous tous. »

« Bah! » fit le juif d'un air de mépris; « tu es soûle, ma fille. »

« Ah! sans doute! » s'écria amèrement celle-ci; « ce ne serait pas votre faute si je ne l'étais pas. Vous n'aimeriez pas me voir autrement, pourvu que je fasse comme vous voulez; excepté maintenant que ça ne vous convient guère, n'est-ce pas? »

» Non! » répliqua le juif d'un air furieux, « ça ne me convient pas du tout! »

« Faut pourtant que ça vous convienne! » reprit celle-ci, partant d'un éclat de rire.

« Que ça me convienne! » s'écria le juif on ne peut plus irrité de l'opiniâtreté de la fille et du désappointement de la journée. « Que ça me convienne! Écoute-moi bien, toi, pécore! écoute-moi bien, moi qui, avec six mots, pourrais étrangler Sikes, aussi sûrement que si je tenais maintenant sa tête de taureau entre mes doigts. S'il revient sans cet enfant... s'il a le bonheur de s'en retirer, et qu'il ne me le ramène pas, mort ou vif, assassine-le toi-même, si tu ne veux pas que Jack Ketch (1) lui fasse son affaire... et *expédie-le* aussitôt qu'il aura mis le pied dans cette chambre, sans quoi il pourrait bien être trop tard. »

« Qu'est-ce que tout cela ! » s'écria la fille involontairement.

« Ah ! qu'est-ce que tout cela ? » poursuivit Fagin aveuglé par la colère, « le voici : — Lorsque cet enfant est pour moi une valeur de plusieurs centaines de livres, dois-je perdre cela, par la faute d'un tas d'ivrognes dont je pourrais aisément me défaire ; et devrais-je me soumettre à un gueux à qui il ne manque que la volonté et qui a le pouvoir de... »

Tout hors d'haleine, le vieillard ne put achever sa pensée ; et réprimant aussitôt son courroux, il devint un tout autre homme. Un moment auparavant, il semblait vouloir déchirer l'air avec ses doigts crochus ; ses yeux hagards lui sortaient de la tête, et il était pâle de colère ; maintenant, il était

(1) Le bourreau. (*Note du traducteur.*)

assis sur une chaise, la tête rentrée dans ses épaules, et tremblant de peur d'en avoir trop dit.

Après un silence de quelques minutes, il risqua un regard sur sa compagne, et se rassura bientôt, en voyant qu'elle était dans le même état d'insensibilité dont il l'avait tirée d'abord.

« Nancy ! Ma chère ! » dit-il, avec sa voix de corbeau. « As-tu fait attention à ce que je t'ai dit ? »

« Ne me tourmentez pas, Fagin ! » répondit la fille, levant nonchalamment la tête. « Ce que Guillaume n'a pas fait cette fois-ci, il le fera une autre. Il a fait bien des choses pour vous, vous le savez bien ; et il en fera encore bien d'autres lorsqu'il le pourra... Et quand il ne le fait pas, c'est qu'il ne le peut pas ; ainsi, n'en parlons plus. »

« Oui ; mais, quant à cet enfant, ma chère ? » dit le juif, en se frottant les mains fortement.

« L'enfant doit courir la même chance que les autres, » reprit brusquement Nancy. « Et, je le répète, j'espère qu'il est mort et qu'il est à l'abri de tout danger ; surtout de celui auquel il était exposé avec vous. — Toutefois pourtant, comme je l'ai dit tout à l'heure, que Guillaume s'en retire heureusement ; et s'il n'arrive aucun mal à Toby, je ne vois pas pourquoi il ne s'en retirerait pas, car il en vaut, à lui seul, deux comme ce blanc-bec. »

« Et quant à ce que je disais, il n'y a qu'un instant, ma chère ? » dit le juif, fixant sur elle ses yeux de lynx.

« Vous n'avez qu'à le redire, » reprit Nancy. « Et si c'est quelque chose que vous désirez que je fasse pour vous, vous feriez mieux d'attendre jusqu'à demain. — Je vous entends bien, quand vous me parlez, et le moment d'après, je ne sais plus ce que vous venez de me dire. »

Le juif lui fit encore quelques questions, afin de s'assurer qu'elle n'avait point retenu ses paroles indiscrètes ; mais elle répondit avec tant d'assurance, et elle soutint si bien le regard scrutateur du vieillard, qu'il en revint à sa première idée que la fille était *dans les vignes du Seigneur*.

En effet, Nancy n'était pas exempte d'un défaut, malheureusement trop commun parmi les pupilles (femelles) du juif, et dans lequel, dès leurs plus tendres années, elles avaient été encouragées plutôt que retenues.

Le désordre apparent dans lequel elle était, et une odeur forte de genièvre, venaient à l'appui des soupçons de ce dernier; et lorsqu'après s'être livrée à l'impression momentanée d'un sentiment sous l'influence duquel tantôt elle versait des larmes, et tantôt elle s'écriait avec transport: « *Ne parlez jamais de mourir!* » et autres choses semblables, elle se fut apaisée, M. Fagin, qui avait acquis beaucoup d'expérience sur ces sortes de choses, dans son jeune temps, vit avec une grande satisfaction qu'elle en avait pris *une bonne dose.*

Rassuré par cette découverte, et ayant rempli le double but de communiquer à Nancy ce qu'il avait appris, le soir même, de Toby, et de s'assurer par ses propres yeux, que Sikes n'était pas rentré, il s'en alla, laissant sa jeune amie endormie sur la table.

Il était à peu près une heure du matin, et comme il faisait très-sombre et très-froid, il ne fut guère tenté de s'amuser en route. Un vent piquant qui soufflait avec force dans les rues, semblait en avoir chassé les passans, en même temps qu'il en avait balayé la poussière et la crotte, car il y avait peu de monde au dehors, et les quelques personnes qu'on y voyait regagnaient leurs demeures en toute hâte. Il avait le vent contre, et il grelottait tout en marchant, chaque fois qu'une bouffée lui soufflait rudement au visage.

Il avait atteint le coin de sa rue, et il fouillait dans sa poche, pour prendre sa clé, lorsqu'un personnage sortit d'un vestibule, à l'ombre duquel il se tenait caché, et, traversant le ruisseau, se glissa auprès de lui sans en être aperçu.

« Fagin! » dit une voix tout près de son oreille.

« Ah! » fit le juif, se retournant vivement, « est-ce vous? »

« Oui! » répondit brusquement l'inconnu. « Voilà deux heures que vous me faites droguer là! — Où diable avez-vous donc été? »

« A vos affaires, mon cher, » dit le juif,

ralentissant le pas et regardant son compagnon d'un air embarrassé. « J'ai trotté pour vous toute la nuit. »

« Oh, sans doute! » reprit l'inconnu d'un air moqueur. « Eh bien! qu'y a-t-il de nouveau? »

« Rien de bon, » dit le juif.

« Rien de mauvais, j'espère? » dit l'autre, s'arrêtant tout court, et regardant son compagnon d'un air surpris.

Le juif secouant la tête, se préparait à répondre, lorsque l'étranger l'interrompant, lui montra du doigt la maison devant laquelle ils étaient arrivés tout en causant, et lui fit remarquer qu'ils feraient mieux d'y entrer, pour parler de leurs affaires, car il était gelé de froid d'avoir attendu si longtemps, et qu'en outre le vent les empêchait de s'entendre.

Fagin eût bien voulu se dispenser de recevoir un visiteur à une heure aussi indue, et s'excusa en disant qu'il n'y avait pas de feu chez lui; mais son compagnon réitérant sa question d'un ton d'autorité, il ouvrit la porte et pria celui-ci de la refermer doucement, tandis qu'il irait chercher de la lumière.

« Il fait aussi noir que dans un four, » dit l'inconnu, faisant quelques pas à tâtons. « Dépêchez-vous ! Il n'y a rien que je déteste autant, que de rester dans l'obscurité. »

« Fermez la porte! » murmura Fagin, de l'extrémité du passage.

Au même instant elle se ferma avec un grand bruit.

« Ce n'est pas moi qui ai fait cela, » dit l'homme en cherchant son chemin. « Le vent l'a poussée, ou bien elle s'est fermée d'elle-même ; c'est l'un ou l'autre... Dépêchez-vous d'apporter de la lumière, que je n'aille pas me casser la tête contre quelque chose, dans cette maudite cassine! »

Fagin descendit à la dérobée dans la cuisine, et revint bientôt avec une chandelle allumée, après s'être assuré que Toby Crackit dormait au-dessous, dans la pièce du fond, et que ses dignes élèves en faisaient autant dans celle de devant. Ayant fait signe à son compagnon de le suivre, il monta l'escalier devant lui.

« Nous pouvons dire ici le peu de mots que nous avons à nous communiquer, mon cher, » dit le juif, ouvrant une porte au premier étage. « Et comme il y a des trous dans les volets, et que nous ne montrons jamais de lumière à nos voisins, nous laisserons la chandelle sur l'escalier.... — Là ! »

Disant cela, le juif posa la chandelle sur le palier, vis-à-vis de la chambre dans laquelle ils entrèrent, et où il n'y avait, pour tout ameublement, qu'un fauteuil cassé et un vieux sofa sans couverture, placé derrière la porte. L'étranger s'y jeta de l'air d'un homme épuisé de fatigue; et le juif approchant le fauteuil, s'assit en face de lui.

Ils y voyaient un peu, car la porte était entr'ouverte, et la chandelle répandait une faible clarté sur la muraille en face d'eux.

Ils parlèrent pendant quelque temps à voix basse; et quoique, à l'exception de quelques mots çà et là, il était impossible d'entendre leur conversation, un tiers qui les eût écoutés, aurait pu aisément deviner que Fagin se défendait contre les remarques de l'étranger, et que celui-ci était grandement irrité.

Il y avait bien un quart-d'heure, ou vingt

minutes environ, qu'ils s'entretenaient de la sorte, lorsque Monks (sous lequel nom Fagin désigna plusieurs fois l'étranger pendant le cours de leur colloque), dit en élevant un peu la voix :

« Je vous dis encore une fois que ça a été mal combiné ! — Pourquoi ne pas l'avoir gardé ici avec les autres, et en avoir fait, tout de suite, un voleur ? »

« S'il n'y a pas de quoi se fâcher ! » s'écria le juif, haussant les épaules.

« N'allez-vous pas me faire croire que vous n'auriez pas pu en venir à bout, si vous aviez voulu ? » demanda Monks, avec colère. Ne l'avez-vous pas fait des centaines de fois, avec d'autres enfans ? Si vous aviez eu la patience d'attendre encore un an, tout au plus, n'auriez-vous pas pu trouver moyen de le faire juger et condamner à la déportation, peut-être pour la vie ? »

« Et à qui ça aurait-il rendu service, mon cher ? » demanda humblement le juif.

« A moi, donc ! » répliqua Monks.

« Mais pas à moi, » dit le juif d'un air soumis. « Il eût pu m'être utile... Lorsqu'il y a deux parties intéressées à un marché, il est bien juste que l'intérêt commun soit consulté, n'est-il pas vrai, mon cher? »

« Quoi donc? » demanda Monks, d'un air bourru.

« J'ai vu qu'il n'était pas facile de le former à notre *genre de commerce*, » répartit le juif. « Il n'était pas dans les mêmes circonstances que les autres enfans. »

« Malheureusement non ! » murmura l'autre entre ses dents. « Sans quoi il y a déjà long-temps qu'il serait *voleur*. »

« Je n'avais pas de prise sur lui pour le rendre *pire*, » reprit le juif, observant le visage de son compagnon. « Il ne s'y prêtait nullement... Je n'avais, pour l'effrayer, aucun de ces moyens que nous employons toujours au commencement, et sans lesquels tous nos efforts sont inutiles...Que pouvais-je faire? L'envoyer avec le *Matois* et *Charlot?* Nous en avons eu assez de la première fois, mon cher. J'ai tremblé pour nous tous!»

« Je n'y pouvais rien, » observa Monks.

« Non, sans doute, mon cher! » répliqua le juif;... « aussi bien je ne vous en fais pas de reproche;... parceque, si cela n'était pas arrivé, vous auriez bien pu ne jamais le rencontrer, et par conséquent perdre la chance de découvrir que c'était *lui* que vous cherchiez. Je l'ai donc repris pour vous, comme vous savez, par l'entremise de Nancy; et voilà maintenant *qu'elle* le protége! »

« Étranglez cette fille! » dit Monks avec impatience.

« Nous ne pouvons guère faire cela maintenant, mon cher, » reprit le juif en souriant... « Et d'ailleurs ces sortes de choses ne sont pas de notre ressort, sans quoi, je l'aurais fait, un de ces jours, avec le plus grand plaisir. Je sais fort bien ce que sont ces filles, voyez-vous, Monks. Le petit garçon n'aura pas plutôt commencé à s'endurcir, qu'elle ne s'occupera pas plus de lui que si c'était un morceau de bois. Vous voulez qu'il soit *voleur?* S'il est vivant, je puis le rendre tel, à compter d'aujourd'hui. Et si..... si..... (ce qui n'est pas probable), » dit le juif se rapprochant de l'autre; « mais, au pis aller, s'il était mort? »

« Je n'y suis pour rien, d'abord, s'il en est ainsi! » répliqua Monks frappé de terreur, et saisissant, en tremblant, le bras du juif. « Faites bien attention, Fagin, je m'en lave les mains. — Je vous ai prévenu dès le commencement : *tout ce que vous voudrez, excepté sa mort.* — Je ne veux pas répandre de sang... ça se découvre toujours ;... et d'ailleurs votre crime vous poursuit partout. — S'ils l'ont tué, je n'en suis pas la cause, entendez-vous, Fagin? . . . . Que le diable soit de cette infernale cassine ! — Qu'est-ce que cela? »

« Quoi donc? » s'écria le juif, saisissant le poltron à bras-le-corps, au moment où celui-ci se leva brusquement du sofa. « Où? »

« Là ! » dit Monks montrant du doigt la muraille. « Une ombre ! — J'ai vu l'ombre d'une femme, en manteau et en chapeau, passer le long de la boiserie, aussi rapidement que l'éclair ! »

Le juif lâcha son compagnon, et ils s'élancèrent tous deux hors de la chambre.

La chandelle, presque entièrement usée par le courant d'air, était à la même place, et leur montra la solitude profonde de l'escalier ainsi que la pâleur affreuse de leurs visages. Ils prêtèrent une oreille attentive, mais le plus grand silence régnait dans toute la maison.

« C'est une idée, mon cher! Vous vous êtes trompé, il n'y a pas de doute! » dit le juif, prenant la chandelle et se tournant vers son compagnon.

« Je jurerais que je l'ai vue! » répliqua Monks, tremblant de tous ses membres. « Elle était penchée quand je l'ai vue; et aussitôt que j'ai eu parlé, elle a disparu. »

Le juif jeta un regard de mépris sur le visage pâle de son compagnon, et lui ayant dit qu'il pouvait le suivre s'il voulait, ils montèrent jusqu'au haut de l'escalier. Ils regardèrent dans toutes les chambres: elles étaient froites et vides. Ils descendirent dans le passage, et de là dans les caves: l'humidité verdâtre suintait le long des voûtes basses et étroites, et des traces de limaçons et de limaces brillaient à la chandelle; mais tout était tranquille comme la mort.

« Que pensez-vous maintenant? » dit le juif, lorsqu'ils eurent regagné le passage. « Excepté nous, il n'y a pas une seule âme dans la maison, si ce n'est Toby et les enfans... Et ils sont en sûreté: voyez plutôt! »

Et pour preuve de ce qu'il avançait, le

juif tira de sa poche deux clés, expliquant comment, lorsqu'il était descendu, la première fois, dans la cuisine, il avait enfermé ses jeunes pupilles pour empêcher qu'ils ne troublassent leur entretien.

Cette nouvelle preuve détruisit entièrement la conviction, dans l'esprit de Monks : ses protestations avaient insensiblement perdu de leur énergie, à mesure que leurs recherches devenaient de plus en plus infructueuses ; et il finit par rire de lui-même, et par convenir que ce n'avait pu être qu'un rêve de son imagination. Il jugea à propos de rompre leur entretien, pour ce jour-là, cependant, se rappelant tout-à-coup qu'il était plus d'une heure; et les deux amis se séparèrent.

CHAPITRE XIII.

AMENDE HONORABLE POUR UNE IMPOLITESSE FAITE A UNE DAME QUE NOUS AVONS QUITTÉE, DE LA MANIÈRE LA PLUS INCIVILE, DANS LE CHAPITRE PRÉCÉDENT.

Comme il ne serait nullement convenable à un humble auteur, de faire attendre, le dos au feu et les mains sous les pans de sa redingote, un personnage aussi distingué que l'est un bedeau, et qu'il serait en outre peu galant de sa part de comprendre dans cet oubli des convenances, une dame sur qui ce bedeau avait jeté un regard de tendresse et d'affection, et à qui il avait fait entendre de douces paroles qui, venant d'un tel personnage, auraient pu toucher le cœur de toute fille ou de toute femme, de quelque rang qu'elles fussent, l'historien fidèle dont la plume retrace cette histoire, sachant à quoi son devoir l'engage, et ayant la plus grande vénération pour les personnes élevées aux plus hautes dignités, se hâte de leur rendre les honneurs qui leur sont dus, et de les traiter avec tous les égards que leur rang dans le monde (et par conséquent leurs *sublimes vertus*) réclament de lui.

A cet effet il s'était proposé d'établir ici une dissertation sur le droit divin des bedeaux, et de prouver clairement qu'un bedeau ne peut jamais avoir tort, et que toutes ses actions sont exemptes de blâme; (ce dont le lecteur bienveillant eût été enchanté). Mais le manque de temps et d'espace forçant l'auteur à remettre cette dissertation, en temps plus opportun, il n'en sera que plus préparé à démontrer qu'un *bedeau*, convenablement établi, c'est-à-dire un *bedeau de paroisse*, attaché à un dépôt de mendicité *paroissial*, et desservant, en sa dite qualité, l'église de la *paroisse*, jouit, en vertu et par droit de sa charge, de toutes les prééminences attachées à son rang, et est nécessairement doué des meilleures qualités de l'humanité; et que, ni les bedeaux des administrations, ni ceux des cours de justice, ni même ceux des succursales n'ont aucune prétention à une seule de ces *perfections*.

M. Bumble avait recompté les cuillers à thé, pesé de nouveau les pinces à sucre, examiné plus attentivement le pot au lait et fait l'inventaire exact du mobilier, jusqu'à s'assurer de la qualité du crin qui recouvrait les chaises; et il avait recommencé ce manége jusqu'à cinq ou six fois, avant de songer qu'il était temps que madame Corney rentrât. Une pensée en amène une autre; et comme on n'entendait pas le moindre bruit qui annonçât le retour de madame Corney, il vint à l'esprit de M. Bumble, qu'il pourrait bien, sans scrupule, et seulement pour passer le temps, satisfaire amplement sa curiosité, en jetant un coup d'œil rapide dans la commode de la matrone.

Ayant mis l'oreille au trou de la serrure, pour écouter si personne n'approchait, M. Bumble, commençant par le bas, prit connaissance des objets contenus dans trois grands tiroirs remplis de linge et de vêtemens du dernier goût, serrés bien précieusement entre deux couches de journaux parsemés de fleur de lavande sèche : ce qui parut lui causer une grande satisfaction.

Arrivé au petit tiroir de droite du haut, sur lequel était la clé, et y ayant vu une petite boîte fermée au cadenas, il la secoua ; et comme il en sortit un son agréable, comme celui d'argent monnoyé, M. Bumble retourna gravement auprès du feu, où ayant repris sa première attitude, il se dit, à part lui, d'un air déterminé : « Allons! c'en est fait, je me déclarerai ! »

Disant cela, il secoua la tête d'un air goguenard, comme pour se persuader à lui même qu'il était un *vieux renard*, et alors il examina le profil de ses jambes, avec autant de plaisir que d'intérêt.

Il était profondément engagé dans cette douce contemplation de lui-même, lorsque madame Corney, entrant précipitamment dans la chambre, se jeta hors d'haleine sur une chaise auprès du feu, et se couvrant les yeux d'une main, elle mit l'autre sur son cœur et parut respirer avec peine.

« Madame Corney ! » dit M. Bumble, se penchant sur l'épaule de la matrone : « qu'avez-vous, madame?... Vous est-il arrivé quelque chose, madame? Répondez-moi, je vous prie!... Je suis sur... sur... »

Et comme, dans son trouble, il ne put trouver sur-le-champ le mot *épines* : « Sur *des bouteilles cassées*, » ajouta-t-il.

« Oh, monsieur Bumble ! » s'écria la dame. « J'ai été si horriblement bouleversée ! »

« Bouleversée, madame ! » s'écria, à son tour, M. Bumble. « Et... qui a été assez hardi pour.....? — Je m'en doute ! » dit-il, se reprenant avec dignité. « C'est sans doute ces *audacieuses pauvresses ?* »

« C'est affreux d'y penser ! » dit la dame, frissonnant d'horreur.

« Alors, n'y pensez plus, madame ! » reprit M. Bumble.

« Je ne puis pas m'en empêcher, » dit celle-ci, d'une voix entrecoupée par les sanglots.

« Prenez quelque chose, madame, » dit le bedeau en minaudant. « Un peu de ce vin ! »

« Je n'en prendrais pas pour tout l'or du monde ! » répliqua madame Corney. — « Oh ! dieux ! dieux ! — La tablette du haut... dans le coin à droite. — Oh dieux ! » (En même temps la bonne dame montrant du doigt le buffet d'un air distrait, paraissait en proie à des convulsions intérieures.)

M. Bumble courut au buffet, et saisissant, sur la tablette en question, la bouteille qui lui avait été indiquée d'une manière si vague, il remplit une tasse à thé de la liqueur qu'elle contenait, et la porta aux lèvres de la matrone.

« Je me sens mieux, maintenant, » dit celle-ci, se laissant aller sur le dos de sa chaise, après avoir vidé la tasse à moitié.

M. Bumble leva pieusement les yeux vers le plafond, en actions de grâces; et les ramenant sur les bords de la tasse, il la porta à ses narines.

« C'est de la menthe, » dit madame Corney, d'une voix languissante, en souriant agréablement au bedeau. « Goûtez-y. — Il n'y a pas que de la menthe; il y a encore autre chose avec. »

M. Bumble goûta le breuvage d'un air douteux, fit claquer ses lèvres, le porta de nouveau à sa bouche et vida entièrement la tasse.

« C'est très-fortifiant, » dit madame Corney.

« C'est très-bon, ma foi! madame! » reprit le bedeau. (Disant cela, il s'assit auprès de la matrone et lui demanda, avec un air d'intérêt, ce qui lui était arrivé.)

« Rien du tout, » répondit madame Corney. « Je suis une *simple* et *foible* créature ! »

« Vous n'êtes pas *foible*, madame ! » reprit M. Bumble, approchant sa chaise de celle de la matrone. « Êtes-vous une *foible créature*, madame Corney ? »

« Nous sommes tous, tant que nous sommes, de *foibles créatures !* » dit madame Corney, avançant une maxime générale.

« C'est vrai, » dit le bedeau.

Cette réponse fut suivie d'un silence de quelques minutes, pendant lequel temps M. Bumble avait déjà donné une preuve de la *foiblesse humaine*, en retirant son bras gauche qui reposait sur le dos de la chaise de madame Corney, pour le passer autour de la taille de la dame, où il resta bientôt entrelacé.

« C'est bien vrai, que nous sommes tous de *foibles créatures*! » dit enfin M. Bumble.

Madame Corney poussa un profond soupir.

« Calmez-vous, madame Corney ! » poursuivit M. Bumble. « Ne soupirez pas comme cela, madame ! »

« C'est plus fort que moi; je ne puis pas m'en empêcher, » reprit madame Corney; (et elle soupira de nouveau).

« Cette chambre est très-*comfortable*, madame ! » dit M. Bumble, jetant un regard autour de lui. « Une seule autre pièce avec celle-ci feraient un joli petit logement ! »

« Ce serait trop pour une personne seule, » répliqua la dame.

« Oui, mais pas pour deux, » répartit tendrement M. Bumble. « Hein ! madame Corney ? »

A ces paroles du bedeau, madame Corney baissa la tête, et M. Bumble en fit autant, pour voir le visage de la matrone. Celle-ci, se détournant prudemment, retira sa main pour prendre son mouchoir, et la replaça insensiblement dans celle du bedeau.

« L'administration vous alloue le charbon, n'est-ce pas, madame Corney ? » demanda M. Bumble, pressant affectueusement la main de la dame.

« Ainsi que la chandelle, » reprit madame Corney, rendant légèrement la pression.

« Le charbon, la chandelle et le loyer, qui plus est? » dit M. Bumble. « Oh! madame Corney, quel ange vous êtes! »

Celle-ci ne put résister à un transport si doux : elle se laissa aller dans les bras du bedeau qui, dans son agitation, imprima un chaste baiser sur le nez de la matrone.

« Une perfection si *paroissiale!* » s'écria M. Bumble, avec ravissement. « Vous savez, ma belle enchanteresse, que M. Slout est plus mal, ce soir? »

« Je sais cela, » répondit la dame, d'un air timide.

« Le médecin dit qu'il ne passera pas la semaine, » poursuivit M. Bumble. « Il est le maître de cet établissement... sa mort va laisser une place vacante... cette place doit être remplie... Oh! madame Corney, quelle brillante perspective!... quelle occasion favorable d'unir deux cœurs qui s'aiment, et de se mettre en ménage! »

Madame Corney sanglota.

« Le petit mot, voyons! » dit M. Bumble,

penchant sa tête sur celle de sa timide beauté. » Le tout petit petit mot, ma divine Corney ! »

« Ou... ou... oui! » dit, en soupirant, la matrone.

« Encore un autre mot! » poursuivit le bedeau. » Remettez-vous de vos douces émotions, pour un seul mot de plus! — A quand le mariage?

Madame Corney essaya deux fois de parler, et deux fois la parole expira sur ses lèvres. Enfin, s'armant de courage, elle jeta ses bras autour du cou de M. Bumble, et dit que ce serait aussitôt qu'il le voudrait, et qu'il était « *un être irrésistible.* »

Les choses ainsi arrangées à l'amiable et à la satisfaction des deux parties, l'accord fut solennellement ratifié dans une autre tasse de menthe, que l'agitation et le trouble de la dame avaient rendue nécessaire. Pendant ce temps-là, celle-ci apprit à M. Bumble la mort de la vieille femme.

« Fort bien ! » dit le bedeau, humant sa liqueur. « Je vais aller chez Sowerberry, en m'en retournant, et je lui dirai de passer ici demain matin.—Est-ce là ce qui vous a effrayée, ma toute belle? »

« Ce n'était rien d'extraordinaire, cher ami, » dit la dame d'un air évasif.

« Il faut pourtant bien qu'il y ait eu quelque chose, ma bonne, » répliqua le bedeau. « Ne voulez-vous pas le dire à *votre* Bumble? »

« Pas maintenant, » reprit la dame. « Un de ces jours... quand nous serons mariés. »

« Quand nous serons mariés! » s'écria M. Bumble. « Serait-ce quelque impudence de la part d'un de ces *audacieux* pauvres? »

« Non, non, mon chéri! » répartit aussitôt la matrone.

Si je pensais que cela *fût!* » poursuivit M. Bumble, « si je pensais qu'un de ces *audacieux eût* osé lever ses yeux *vulgaires* sur ce *noble visage!...* »

« Ils n'auraient pas osé, mon bichon, » répliqua la dame.

« Ils feront aussi bien! » dit M. Bumble, fermant les poings. « Que je voie un homme, quel qu'il soit (*paroissial* ou *extra-paroissial*), qui soit assez *présomptueux* pour cela, et je puis bien l'assurer que ça ne lui arrivera pas une seconde fois ! »

Sans gesticulation et sans véhémence, cette menace eût peut-être produit un mauvais effet sur l'esprit de madame Corney; mais, comme les paroles du bedeau furent accompagnées de gestes *guerriers*, cette dame fut grandement touchée de cette preuve de dévouement, et, pleine d'admiration, elle s'écria qu'il était un vrai *tourtereau.*

Alors, le *tourtereau* retroussa le collet de son habit, et ayant échangé, avec sa future partenaire, un gros et doux baiser, il brava de nouveau le vent froid de la nuit, non pas toutefois sans s'être arrêté quelques instans dans la cour des pauvres (celle des hommes, bien entendu), pour les brutaliser un peu, dans le but seulement d'essayer s'il pourrait remplir, avec toute la sévérité voulue, la place de maître du dépôt la mendicité.

Ayant acquis la certitude qu'il en avait toutes les qualités requises, il quitta l'établissement, le cœur joyeux et plein d'espoir; et la brillante perspective de sa future promotion occupa son esprit, jusqu'à ce qu'il fût arrivé devant la boutique de l'entrepreneur des funérailles.

Comme M. et madame Sowerberry étaient allés passer la soirée quelque part, Noé Claypole, qui n'était jamais disposé à se donner plus d'exercice qu'il n'en faut, pour boire et pour manger, n'avait pas encore fermé la boutique, quoique l'heure à laquelle on la fermait ordinairement fût passée depuis longtemps. M. Bumble frappa sur le comptoir avec sa canne, à plusieurs reprises ; mais n'obtenant point de réponse, et apercevant de la lumière, à travers la croisée de la petite salle, il prit la liberté de regarder, pour *voir ce qui se passait ;* et quand il eut vu *ce qui se passait*, il ne fut pas peu surpris.

La nappe était mise pour le souper, et la table était couverte de pain, de beurre, d'assiettes, de verres, d'un pot rempli de *porter* et d'une bouteille de vin. A un bout de la table, Noé Claypole, un couteau d'une main et un énorme morceau de pain beurré de l'autre, se prélassait dans un fauteuil, sur les bras duquel il allongeait négligemment ses jambes. A son côté était Charlotte, prenant d'un petit baril, des huîtres qu'elle ouvrait et que le susdit jeune homme avalait avec une avidité remarquable. Une rougeur un peu plus qu'ordinaire, dans la région de son nez, et une sorte de clignotement dans son œil droit, annonçaient assez clairemement qu'il était un tant soit peu *loriole.*

Et ces symptômes étaient confirmés par le plaisir si grand et la voracité avec laquelle il avalait ses huîtres; lequel plaisir et laquelle voracité ne doivent être attribués qu'à la connaissance qu'il avait, ou au besoin qu'il sentait de leur propriété, qui est de rafraîchir, en cas de fièvre interne.

« En voici une bien grasse et qui paraît bien délicieuse, » dit Charlotte. « Goûtez-y, Noé!... Allons, plus que celle-ci ! »

« Quelle chose délicieuse, qu'une huître! » dit le sieur Claypole, après l'avoir avalée. « Quel dommage que d'en manger trop, ça pourrait faire du mal!... n'est-ce pas, Charlotte? »

« C'est une *chose inouïe!* » dit celle-ci.

« Sans doute; c'est une *vraie cruauté!* » reprit M. Claypole. « Est-ce que vous n'aimez pas les huîtres, vous, Charlotte? »

« Je n'en suis pas folle, » répondit Charlotte. « J'aime mieux vous les voir manger, Noé, que de les manger moi-même, mon cher. »

« Que c'est drôle! » reprit Noé, d'un air pensif.

« Encore une? » dit Charlotte. « Celle-ci a une si belle barbe! »

« Je n'en prendrai pas davantage!... Ça m' s'rait impossible, d'ailleurs!... » dit Noé. « J'en suis vraiment fâché. — Venez ici, Charlotte, que je vous embrasse! »

« Eh bien! » dit M. Bumble, entrant brusquement dans la salle. « Répétez cela, Monsieur! »

Charlotte jeta un cri, et se cacha le visage dans son tablier, tandis que le sieur Claypole, se contentant seulement de retirer ses jambes de dessus les bras du fauteuil, regarda le bedeau avec une terreur bachique.

« Répétez cela, vous, jeune *audacieux !* » dit M. Bumble. — « Comment pouvez-vous dire de telles choses, monsieur!—Et vous, effrontée coquine!... comment osez-vous le souffrir et même l'encourager!... Embrasser ! » s'écria M. Bumble, grandement indigné, pouah ! »

« Je n'en avais pas l'intention » balbutia Noé. « C'est elle qui m'embrasse toujours, que ça me convienne ou non. »

« Oh, Noé ! » s'écria Charlotte d'un ton de reproche.

« Oui, c'est vrai ;... vous le savez bien ! » reprit Noé. « Elle m'embrasse toujours, monsieur Bumble !... Elle me prend par le menton, et me fait toutes sortes d'agaceries. »

« Silence ! » cria le bedeau d'un air sévère. « Descendez à votre cuisine, mademoiselle !... et vous, Noé, fermez la boutique et ne soufflez mot jusqu'à ce que votre maître revienne !... Et lorsqu'il sera de retour, dites-lui d'envoyer, demain matin, une bière pour une vieille femme du dépôt ! — Vous comprenez, monsieur ? — Embrasser ! » s'écria-t-il en levant les mains au ciel. « Le crime et la perversité chez les gens de la basse classe, dans cette paroisse, sont effrayans... Si le parlement ne prend pas de mesures pour réprimer leur abominable conduite, ce pays est ruiné, et la *morale du vulgaire* est perdue pour toujours ! »

Disant cela, le bedeau sortit gravement de la boutique de l'entrepreneur.

Maintenant que nous l'avons accompagné si loin, et que nous avons fait tous les préparatifs nécessaires pour l'enterrement de la vieille femme, faisons des recherches pour savoir si le jeune Olivier Twist est encore dans le fossé où l'a laissé Toby Crackit.

CHAPITRE XIV.

SUITE DES AVENTURES D'OLIVIER.

« Que les cinq cent millions de loups vous déchirent le gosier! » murmura Sikes, grinçant des dents. « Si j'en tenais quelques-uns d'entre vous, vous n'en hurleriez que plus fort! »

En faisant cette imprécation avec toute la fureur dont-il était susceptible, il s'arrêta un instant pour poser le pauvre blessé sur son genou, et il tourna en même temps la tête, pour voir à quelle distance il était de ceux qui le poursuivaient.

C'était chose assez difficile, au milieu de la nuit et d'un épais brouillard; mais les cris confus des hommes qui étaient à sa poursuite, et l'aboiement des chiens du voisinage, éveillés par le tocsin, retentissaient de tous côtés.

« Arrête-toi, vil poltron! » cria le brigand à Toby Crackit, qui, faisant le meilleur usage qu'il pouvait de ses jambes, avait déjà beaucoup d'avance sur lui, « Arrête ! »

Toby ne se le fit pas répéter une troisième fois. Peu certain d'être hors de la portée du coup de pistolet, et sachant d'ailleurs que Sikes n'était pas d'humeur à plaisanter, il s'arrêta tout court.

« Viens donner la main à cet enfant ! » gronda-t-il d'un air furieux à son acolyte. « Allons donc ! »

Toby fit mine de revenir sur ses pas, tout en témoignant d'une voix basse et étouffée par la peur, l'extrême répugnance avec laquelle il se rendait à l'injonction de son ami.

« Plus vite que ça ! » murmura Sikes, déposant l'enfant sur le bord d'un fossé qui était à ses pieds, et dans lequel il n'y avait point d'eau. « Ne va pas t'amuser à faire le *nigaud* avec moi ! »

Au même instant le bruit s'accrut ; et Sikes regardant de nouveau autour de lui, s'aperçut que les hommes qui s'étaient mis à leur poursuite, escaladaient la barrière du champ dans lequel il était lui-même, et qu'une couple de chiens les devançaient.

« Nous sommes flambés, Guillaume ! » s'écria Toby. « Laisse-là le *moutard*, et montrons-leur nos talons ! »

Ayant dit cela, le sieur Crackit, préférant courir la chance d'être tué par son ami à la certitude d'être pris par l'ennemi, partit tout d'un trait et courut à toutes jambes.

Sikes frappa du pied de colère, jeta un coup d'œil rapide autour de lui, étendit sur Olivier, le collet dont il l'avait affublé à la hâte, et courant le long du fossé, pour donner le change à ceux qui le poursuivaient, en détournant leur attention de l'endroit où était Olivier, il s'arrêta au coin de la haie, déchargea son pistolet en l'air et s'enfuit.

« Ohé ! Ohé ! » cria une voix tremblante dans le lointain « *Pincher ! Neptune !* Ici ! ici ! »

Les chiens, qui avaient cela de commun avec leurs maîtres, qu'ils ne semblaient avoir aucun goût pour le genre d'amusement auquel ils se livraient, obéirent volontiers à la voix qui les rappelait ; et trois hommes qui, pendant ce temps, avaient fait quelques pas dans la prairie, s'arrêtèrent pour tenir conseil entre eux.

« Mon avis, ou pour mieux dire mon ordre est, » (dit le plus gros des trois) « que nous retournions tout de suite à la maison. »

Je me conforme volontiers à tout ce qui peut faire plaisir à M. Giles, » dit un autre plus petit et encore plus joufflu que le premier, et qui était tout à la fois très-pâle et très-poli (comme le sont ordinairement les gens qui ont peur).

« Je ne voudrais pas passer pour être incivil, messieurs, » dit le troisième (celui-là même qui avait appelé les chiens). « M. Giles doit savoir que..... »

« Certainement ! » reprit le gros joufflu. « Et quoi que puisse dire M. Giles, ce n'est pas à nous à le contredire. — Non, sans doute, je connais ma *position*, Dieu merci, je connais ma *position*. »

A dire le vrai, le petit joufflu semblait connaître sa *position*, et savait fort bien qu'elle n'était nullement à envier; car les dents lui claquaient en parlant.

« Vous avez peur, Brittles? » dit M. Giles.

« Bien sûr que non! » répondit l'autre.

« Je vous dis que vous avez peur! » reprit Giles.

« Ça n'est pas vrai, monsieur Giles! » répliqua Brittles.

« Vous en avez menti, Brittles! » dit à son tour M. Giles.

Toutes ces récriminations avaient pour cause les sarcasmes de M. Giles; et les sarcasmes du dit monsieur provenaient de sa contrariété de se voir, sous l'apparence d'un compliment, obligé d'avoir la responsabilité de retourner à la maison.

Le troisième compagnon termina la querelle, de la manière la plus philosophique.

« Je vais vous dire ce qu'il en est, messieurs, » dit-il; « nous avons *tous* peur. »

« Parlez pour vous-même! » dit M. Giles qui était le plus pâle des trois.

» C'est aussi ce que je fais, » reprit l'autre. « Il est tout simple et tout naturel d'avoir peur, en pareille circonstance: aussi j'avoue que j'ai peur.

« Et moi aussi dit Brittles. « Seulement, je trouve qu'il n'y a aucune nécessité de railler aussi grossièrement un homme qui se trouve dans ce cas. »

Cet aveu sincère apaisa M. Giles qui avoua tout d'abord que lui-même aussi avait peur : sur quoi tous trois firent volte-face, comme d'un commun accord, et coururent en toute hâte, vers la maison, jusqu'à ce que M. Giles qui était le plus poussif, et, par conséquent, le moins agile des trois, et qui d'ailleurs, était armé d'une fourche qui ne laissait pas que de retarder encore sa marche, eût insisté sur la nécessité de s'arrêter, pour leur faire agréer ses excuses, quant aux paroles légères et inconsidérées qui venaient de lui échapper.

« C'est étonnant, dit il, lorsqu'il se fut justifié à leurs yeux, « tout ce qu'un homme peut faire quand il a la tête montée !...J'aurais commis un meurtre, j'en suis sûr, si j'avais tenu un de ces brigands!... »

Comme les deux autres pensaient de même et, qu'à son instar, ils s'étaient apaisés tout-à-coup, ils firent des réflexions philosophiques sur la cause de ce changement soudain dans leur caractère.

« Je sais bien ce que c'est, » dit M. Giles! « c'est la barrière! »

« Cela pourrait bien être! » s'écria Brittles saisissant l'idée.

« Vous pouvez en être sûrs, « reprit Giles « que c'est la barrière qui a produit ce changement en nous. J'ai senti tout mon courage s'en aller, tandis que je l'escaladais. »

Par une de ces coïncidences extraordinaires, il se trouva que les deux autres avaient éprouvé la même sensation, dans le même moment; de sorte qu'il n'y eût plus à douter que c'était la barrière, surtout lorsqu'ils se furent rappelés que ce fut au moment de l'escalader, qu'ils aperçurent les voleurs.

Le colloque avait lieu entre les deux hommes qui avaient surpris les brigands et un chaudronnier ambulant qui avait couché sous un hangar et qui, éveillé par le bruit, s'était joint de concert avec ses deux chiens, au nombre des poursuivans. M. Giles était à la maison en la double qualité de sommelier et de maître d'hôtel, et Brittles était un homme de peine qui, entré tout jeune au service de la vieille dame, était traité comme un enfant qui promet beaucoup, bien qu'il eût passé la trentaine.

S'encourageant ainsi réciproquement par leurs paroles, tout en se serrant cependant, le plus près possible l'un de l'autre; tremblant de tous leurs membres et jetant un regard effrayé autour d'eux, chaque fois qu'une bouffée de vent agitait le feuillage, nos trois hommes coururent chercher leur lanterne qu'ils avaient laissée au pied d'un arbre, dans la crainte qu'elle n'indiquât anx voleurs la direction dans laquelle ils devaient tirer, et ils regagnèrent la maison au pas de course. Ils étaient déjà bien loin qu'on eût pu voir encore leurs ombres vacillantes se projeter dans la distance et se balancer légèrement, de même qu'une vapeur qui s'exhale d'un terrain humide.

A mesure que le jour commençait à poindre, l'air devenait plus froid. Un brouillard épais s'élevait en ondoyant, comme un tourbibon de fumée, l'herbe était toute mouillée; les sentiers et les ornières n'étaient que fange et que bourbe;

un vent mou et malsain soufflait en mugissant, et Olivier était étendu sans connaissance à l'endroit où Sikes l'avait déposé.

Le froid devint excessif en même temps que la première lueur du matin (la fin de le nuit plutôt que la naissance du jour), commença faiblement à paraître. Les objets qui avaient paru lugubres et horribles, dans l'obscurité, s'offrirent aux regards d'une manière encore plus confuse et reprirent peu à peu leurs formes naturelles. Une pluie lourde et battante tombait avec bruit sur les buissons dépouillés de feuillage; mais Olivier ne la sentait pas.

Enfin un léger cri de douleur rompit le silence qui durait depuis si long-temps, et en même temps l'enfant s'éveilla. Son bras gauche pendait nonchalamment à son côté, et le mouchoir qui l'enveloppait était teint de sang. Il était si faible qu'il eut beaucoup de peine à se mettre sur son séant; et lorsqu'il en fut venu à bout, il jeta autour de lui un regard languissant, comme pour implorer du secours, et il sanglota amèrement. Transi de froid et épuisé de fatigue, il essaya de se lever ; mais il retomba sur le gazon.

Lorsqu'il fut revenu de l'état de stupeur dans lequel il avait été si long-temps plongé, Olivier sentant une faiblesse mortelle le gagner jusqu'au cœur, comprit qu'il mourrait indubitablement là, s'il ne cherchait les moyens d'en sortir; en conséquence, il fit un nouvel effort pour se remettre sur pieds et essaya de marcher. D'abord il chancela comme un homme pris de vin; puis rassemblant le peu de forces qui lui restaient il avança machinalement, sa tête penchée sur sa poitrine et ses jambes fléchissant sous le poids de son corps.

Alors une foule didées confuses et bizarres vint assiéger son esprit. Il lui sembla être encore entre Sikes et Crackit qui se disputaient à son sujet; — leurs propres paroles résonnaient à ses oreilles, et les efforts qu'il fit pour ne pas tomber, ayant forcé son attention, il se surprit à leur parler. Tantôt, il se trouvait seul avec Sikes, pataugeant dans la boue, comme ils l'avaient fait la veille, et il croyait sentir la main vigoureuse du voleur lui presser fortement le bras, chaque fois que quelqu'un passait à côté d'eux. Tout-à-coup il tressaillait au bruit des armes à feu, et il était étourdi par les cris et les acclamations qui s'élevaient dans les airs. Plusieurs lumières brillaient devant ses yeux et, au milieu de tout ce tumulte, une main invisible l'entraînait rapidement. A travers tous ces rêves de son imagination, il ressentait au dedans de lui une douleur aiguë et un malaise indéfinissable qui l'épuisaient entièrement.

Il avança ainsi clopin-clopant, se traînant du mieux qu'il put et comme par instinct, entre les barreaux des barrières et à travers les trouées des haies, jusqu'à ce qu'il eût rejoint la grande route, et alors la pluie commença à tomber si fort, qu'elle le fit sortir de sa rêverie.

Il regarda autour de lui et vit, qu'à peu de distance, il y avait une maison qu'il pourrait peut-être atteindre. L'état déplorable dans lequel il était exciterait sans doute la compassion; et quand bien même il en serait autrement (pensait-il en lui-même), il vaut mieux mourir tout près d'êtres humains, qu'au milieu des champs. Il réveilla tout son courage et dirigea ses pas chancelans vers la maison.

A mesure qu'il en approchait, il eut un pressentiment qu'il l'avait déjà vue auparavant : il ne s'en rappelait aucunement les détails; mais la forme et l'ensemble ne lui étaient pas inconnus.

Ce mur de clôture!... sur le gazon, de l'autre côté, dans le jardin, il s'était jeté à genoux pour implorer la pitié des deux brigands!... C'était bien la même maison qu'ils avaient tenté de piller!

Olivier fut si effrayé, lorsqu'il eut reconnu l'endroit, qu'oubliant un instant la douleur que lui causait sa blessure, il ne songea plus qu'à fuir. Fuir! Il pouvait à peine se soutenir sur ses jambes; et eût-il joui d'ailleurs de toute la vigueur et de la légèreté qu'on a ordinairement à son âge, où aurait-il pu fuir? Il poussa la porte du jardin, qui tourna sur ses gonds, marcha sur la pelouse, monta les marches du perron, frappa doucement à la porte, et ses forces l'abandonnant tout-à-coup, il tomba contre un des piliers du portique.

Il se trouva que, dans le même temps, M. Giles, Brittles et le chaudronnier, après toutes les fatigues et les terreurs de la nuit, se restauraient dans la cuisine, avec une tasse de thé et quelques friandises. Non pas qu'il fût dans l'habitude de M. Giles de souffrir une trop grande familiarité chez ses *inférieurs* envers lesquels, au contraire, il se comportait ordinairement avec cette *fierté bienveillante* qui ne pouvait manquer de leur rappeler sa *supériorité* sur eux, dans le monde; mais les voleurs, les coups de pistolet et la crainte de la mort, rapprochent les distances et rendent tous les hommes égaux: aussi M. Giles, assis devant le feu, les pieds posés sur le cendrier et le bras gauche appuyé sur la table, racontait minutieusement toutes les circonstances de l'attentat, tandis que ses auditeurs (et principalement la servante et la cuisinière) écoutaient avec le plus vif intérêt.

« Il était environ deux heures et demie, » dit M. Giles, « (il est même bien possible qu'il était un peu plus près de trois heures), lorsque je m'éveillai; et en me retournant dans mon lit, comme qui dirait de cette manière » (et en disant cela, il tirait le coin de la nappe sur son épaule, en guise de couverture), je crus entendre du bruit. »

A ce point de son récit, la cuisinière devint pâle et dit à la servante de fermer la porte. Celle-ci le dit à Brittles, qui le dit au chaudronnier, qui fit semblant de ne pas entendre.

« Je disais donc que je crus entendre du bruit, » poursuivit Giles. « Je me dis comme ça, d'abord : *c'est une illusion*, et je me disposais à me rendormir, quand j'entendis de nouveau le même bruit, mais plus distinctement. »

« Quelle sorte de bruit ? » demanda la cuisinière.

« Comme qui dirait une espèce de bruit sourd, » dit M. Giles, regardant autour de lui d'un air effaré ; « comme quelque chose que l'on brise. »

« Ou plutôt comme une barre de fer qu'on limerait avec une râpe à noix muscade, » dit Brittles.

« Je ne dis pas, — peut-être bien quand *vous* avez entendu ; mais au moment que je veux dire, *moi*, c'était un bruit de quelque chose que l'on brise, « reprit M. Giles. « Je soulève ma couverture » (continua-t-il, en repoussant la nappe), « je me mets sur mon séant et je prête l'oreille. »

« Dieux ! » s'écrièrent simultanément la cuisinière et la servante, se rapprochant l'une de l'autre.

« J'entends le même bruit, mieux que jamais, » reprit M. Giles, « et je me dis comme ça en moi-même : Bien sûr qu'on force une porte ou une fenêtre. — Que faire ? — Je m'en vais appeler Brittles et empêcher ce pauvre garçon d'être assassiné dans son lit ; sans quoi (que j' me dis en moi-même) il serait bien dans le cas de se laisser couper la gorge, d'une oreille à l'autre, sans seulement s'en apercevoir. »

Tous les yeux se tournèrent vers Brittles qui, la bouche béante, fixa les siens sur Giles avec une expression de terreur.

« Je rabaisse ma couverture, » dit ce dernier, rejetant la nappe et regardant fixement la cuisinière et la servante, « je sors doucement du lit, j'enfile mes..... »

« Nous avons des dames, monsieur Giles, » dit à demi-voix le chaudronnier.

« Mes *pantoufles*, » reprit Giles, se tournant vers celui-ci en appuyant sur ce mot avec emphase (content qu'il était de l'avoir suppléé au mot *culottes*, qu'un homme bien né ne prononce jamais devant les personnes du sexe), « je m'empare du pistolet chargé que je monte tous les soirs avec moi dans le panier à l'argenterie, et je vais tout doucement sur la pointe du pied à la chambre de ce pauvre Brittles. — Brittles! (que je lui dis en l'éveillant) n'ayez pas peur ! »

« En effet, c'est ce que vous m'avez dit, » observa celui-ci à voix basse.

« Nous sommes des hommes morts ou nous n'en valons guère mieux je pense, Brittles, » poursuivit Giles; « mais n'ayez aucune crainte ! »

« Avait-il peur? » demanda la cuisinière.

« Du tout ! » répliqua M. Giles. « Il était aussi ferme que... ma foi ! presque aussi ferme que j'étais moi-même. »

« Je suis bien sûre que si c'eût été *moi*, je serais morte sur-le-champ, » dit la cuisinière.

« Vous êtes une femme, » repartit Brittles en se rengorgeant.

« Brittles a raison, » dit Giles, faisant un signe de tête approbatif; » on ne peut attendre rien autre chose de la part d'une femme; mais nous qui sommes des hommes, nous prîmes une lanterne sourde qui était sur la cheminée, et nous descendîmes l'escalier à tâtons, dans l'obscurité... comme qui dirait de cette manière. » (Et M. Giles joignant l'action à la parole, s'était levé de sa chaise et avait déjà fait deux ou trois pas, les yeux fermés, quand, tressaillant tout-à-coup, aussi bien que toute la compagnie, il revint bien vite à sa place). La cuisinière et la servante jetèrent un cri perçant.

« On a frappé ! » dit M. Giles, prenant un air tout-à-fait calme. « Allez ouvrir, quelqu'un de vous ! »

Personne ne bougea.

« Il me semble bien étonnant, qu'on frappe à la porte à une telle heure! » dit M. Giles, observant l'extrême pâleur qui régnait sur tous les visages, et paraissant lui-même en butte aux effets d'une frayeur peu commune; « mais il faut ouvrir, cependant, *quelqu'un* de vous !... Vous m'entendez ? »

En parlant ainsi, M. Giles regardait Brittles ; mais ce jeune homme, naturellement modeste, ne se considérant pas comme *quelqu'un*, pensa, avec raison, que la remarque de son *supérieur* ne pouvait s'adresser à lui, et il garda le silence. M. Giles voulut faire un appel au chaudronnier ; mais celui-ci s'était soudainement endormi. Quant aux deux femmes, il ne fallait pas y penser.

« Si Brittles voulait seulement entr'ouvrir la porte, en présence de témoins, » dit M. Giles, après un moment de silence, « j'en serai un, pour ma part. »

« Et moi aussi, » dit le chaudronnier, s'éveillant aussi subitement qu'il s'était endormi.

Brittles se rendit à ces conditions; et nos trois amis, après que les volets furent ouverts, s'étant un peu rassurés, en voyant qu'il faisait grand jour, s'acheminèrent vers la porte d'entrée, précédés des deux chiens et accompagnés des deux femmes qui, n'osant pas rester seules dans la cuisine, formaient l'arrière-garde. Suivant l'avis de M. Giles, ils parlèrent tous très-haut, afin de donner à entendre aux personnes du dehors (en supposant toutefois qu'elles eussent de mauvaises intentious), qu'ils étaient en nombre suffisant pour leur tenir tête; et par un rafinement de politique sorti du cerveau fécond du susdit M. Giles, on pinça la queue des chiens, dans le vestibule, pour les faire aboyer plus fort.

Ces précautions, une fois prises, M. Giles s'empara du bras du chaudonnier, *afin de l'empêcher de se sauver* (à ce qu'il dit, du moins en plaisantant), et donna ordre d'ouvrir la porte. Brittles obéit, et nos gens, se pressant les uns contre les autres et regardant avec une avide curiosité chacun pardessus l'épaule de son voisin, ne virent d'autre objet plus formidable que le pauvre petit Olivier qui, épuisé de fatigue et interdit, à la vue de tant de personnes, leva les yeux langoureusement et implora du regard leur compassion.

« Un petit garçon ! » s'écria M. Giles, repoussant vaillamment le chaudonnier au fond du vestibule. « Qu'est-ce que tu veux toi, hein? — Regarde donc un peu, Brittles!... ne vois-tu pas? »

Brittles qui s'était tenu derrière la porte pour l'ouvrir, n'eut pas plus tôt aperçu Olivier, qu'il poussa un grand cri. M. Giles saisissant l'enfant par une jambe et par un bras (fort heureusement celui qui n'était pas fracassé), l'entraîna dans le vestibule et le coucha tout de son long sur le parquet.

« Le voici! » cria Giles de toutes ses forces en se penchant sur la rampe de l'escalier. « Voici un des voleurs, madame! — Nous en tenons un, mademoiselle! Il est blessé, mademoiselle! C'est moi qui l'ai blessé, mademoiselle; et Brittles tenait la chandelle! »

« Dans une lanterne, mademoiselle! » cria à son tour Brittles, portant la main à sa bouche pour que sa voix parvînt mieux jusqu'aux appartemens supérieurs.

Les deux servantes montèrent l'escalier quatre à quatre, pour porter cette heureuse nouvelle à leurs maîtresses; et le chaudronnier fit tous ses efforts pour rappeler Olivier à la vie, de peur qu'il ne vint à mourir avant d'être pendu. Au milieu de tout ce remue-ménage on entendit une douce voix de femme qui apaisa le bruit en un instant.

« Giles ! » murmura la voix du haut de l'escalier.

« Me voici, mademoiselle ! » répliqua celui-ci, « ne craignez rien, mademoiselle ; je n'ai pas beaucoup de mal !... Il n'a pas fait une bien grande résistance, mademoiselle ! J'étais bien de trop pour lui !... Il ne m'a pas fallu grand temps pour en venir à bout ! »

« Chut ! » reprit la jeune demoiselle. « vous effrayez ma tante, — autant que les voleurs eux-mêmes. — Le pauvre homme est-il dangereusement blessé ? »

« Furieusement, mademoiselle ! » repartit Giles avec un air de complaisance et de satisfaction intérieure.

» On dirait qu'il se meurt, mademoiselle ! » cria Brittles de la même manière qu'auparavant. « Ne voulez-vous pas le voir, mademoiselle, avant qu'il ne... ? »

« Chut ! ne faites pas de bruit, mon ami ! » dit la demoiselle. « Attendez un instant, que je parle à ma tante. »

D'un pas aussi doux que sa voix, la jeune fille s'éloigna légèrement, et revint bientôt donner l'ordre de transporter le blessé dans la chambre de M. Giles, avec tous les soins possibles. Elle dit en même temps à Brittles de sceller le bidet et de se rendre sur-le-champ à Chertsey, d'où il devait envoyer, en toute hâte un constable et un médecin.

« Mais ne voulez-vous pas le voir auparavant, mademoiselle? » demanda M. Giles; avec autant d'orgueil que si Olivier eût été quelque oiseau d'un rare plumage qu'il aurait abattu adroitement. « Ne désirez-vous pas seulement l'entrevoir ? »

« Non, pas maintenant, pour tout au monde! » répondit la jeune fille. « Pauvre malheureux! — Oh! traitez-le avec bonté, Giles!...ne fût-ce que pour l'amour de moi! »

Comme la jolie demoiselle se retira après avoir dit ces mots, le vieux serviteur leva les yeux sur elle avec autant d'orgueil et d'admiration que si c'eût été sa propre fille; et se penchant sur Olivier, il l'aida à se relever, et le porta à sa chambre avec tout le soin et la sollicitude d'une femme.

FIN DU TOME DEUXIÈME.

www.ingramcontent.com/pod-product-compliance
Lightning Source LLC
LaVergne TN
LVHW050510100826
845148LV00002B/296

* 9 7 8 2 0 1 2 1 8 7 8 9 4 *